36歳からオンライン英会話をはじめたら英語で仕事ができるようになりました

How to make the best use of the online English lesson from scratch

嬉野克也
Katsuya Ureshino
マンガ：高田真弓

はじめに

ここ数年、グローバル化という言葉をよく耳にします。

さらに、2020年の東京オリンピック開催、小学校5年生からの英語教科化、大学入試でのスピーキングテスト導入など、英語にまつわるニュースは日に日に熱を帯びています。

そんな中、「グローバル化といっても、僕には関係ないな」「この歳から英語なんてできるようになるわけないし」「もしできるようになったとしても、使う場所なんてないし」「そもそも勉強も嫌いだし、怠け者だし、三日坊主だし」と、全く他人事に感じていたのが、今から数年前の僕です。

そんな僕が「オンライン英会話」をはじめたところ、さまざまなことが一変しました。

今まで決して続けることができなかった英語学習を、楽しみながら二年以上継続し、TOEICのスコアは900点を突破、その後、英語で仕事ができるようになったのです。

オンライン英会話は、受講料の安さや、場所も時間も問わず受けられる便利さから、年々人気を集めています。加えて、大人になってからオンライン英会話を活用して、仕事で英語を使えるようになったという実例も増えたことにより、利用者数もさらに増加し続けています。

そんな、今ある英語学習法の中で最もよい方法のひとつである、オンライン英会話。せっかくのすぐれた方法なのですが、ハードルが高いと感じたり、どう使えばいいのかわからない、続けるのが難しいという声も、たくさん耳にします。

本書では、オンライン英会話を実際に利用して、たくさんの失敗をしながらもあれこれ工夫し、英語を身につけてきた僕の実体験を元に、普通の会社員だからこそ気づいた、オンライン英会話を効果的に使う方法をお伝えします。

マンガも加え、おさえるべきポイントを、楽しくわかりやすく吸収できます。

ぜひ、肩肘を張らず気楽に読み進めてみてください。

それでは、さっそくはじめましょう！

プロローグ

数年前の正月
〇×ハイツ
コト
ボクは英語をやろうと決めました
よし…
じっ
やろう…
?
何か入ってた?
年齢はすでに36歳
海外旅行に行く予定があるとか突然上司が外国人になった
というような目的があったワケではなく
いいかげん自分を変えたい…!!
ブハハハ
なんでやねん
初笑い
ただそれだけでした

それまでのボクは
学生時代はバンド活動にあけくれ
就職なんかしない!!バンドで食ってくぜ!!
ヴィジュアルバンド系
と決めたものの
デビューできず
挫折
それから何とか会社員になって
コールセンター
結婚もして
幸せに過ごしてきたけれど…
心の中ではいつも焦りがあり…
このままではいけない!!もっと何かにうちこみたい…!!
怠け者のボクが自分を変えるために選んだもの
英語が話せたらオレカッコよくない?
それが英語でした

とはいえ…
初笑い
本当にできるんだろうか…
たいてい続いたことないし…
もう36だし…
すでに弱気
ヤメとけヤメとけ
そんな30代後半からやったとこでモノになるワケないじゃん
怠け者
またすぐあきるってムリムリ
うう…
大人になってから英語学習をはじめて、活躍しているんのブログ
こんな人達もいるんだ…!
ガバッ
ゴゴゴゴ…
なんかできる気がしてきた!!
チッ
ゴオッ

しかし英語をやるって一体何からやればいいんだろ
BOOKS
学生時代まったく勉強してこなかった人
とりあえず目標があった方がいいよなー…
TOEICにするか…
TOEIC対策
TOEIC対策
TOEIC問題集
英語といったら英会話だよなァ…
ペラペラ
BOOKS
やっぱりスクールに通うのがいいのかなァ
駅前留学
英会話スクール
無料体験
英会話
○×スクール
それなりに楽しかった…でも…
○×スクール

続けていける気がしない…!!
まず通うのがおっくう
超怠け者→
一回休むと絶対行きたくなくなる…
どーしよーかなー…
いいスクールはお金かかるしなー…
ムーリムーリ
あそういえば!?
オンライン英会話ってどうなんだろ?
昔どこかで聞いたことあったぞ
Goegle
オンライン英会話
やすっ
オンライン英会話
週3回
…コース
3000円
・通学不要
・深夜レッスンOK!
これだ!!

※当時

た…たぶん…
なんかちょっとHPがあやしい
（当時）
オンライン英会話
まあ3000円なら失敗してもいいし…
そうしてはじめたオンライン英会話
なんと今でも続けていて
仕事では英語の案件をまかせてもらえるまでになりました
あんなに怠け者で3日坊主でろくでなしだったボクが
ちょっといいすぎだろ!!
どうやって英語を身につけ変わることができたのか
36歳からオンライン英会話をはじめたら英語で仕事ができるようになりました
超実践的勉強法
この本であますことなくお伝えします
ぜひお楽しみください!!

CONTENTS

STAGE 3

5～6カ月

CONTENTS

STAGE 4 7～8カ月

STAGE 5 9～10カ月

STAGE 6

11〜12カ月

Column

STAFF ブックデザイン／井上新八 DTP／佐藤史子 校正／東京出版サービスセンター

Column 1

こんなに簡単！ オンライン英会話をはじめる準備

必要なもの

パソコンかスマートフォン（タブレット）

インターネット回線

ヘッドセット

ヘッドフォンとマイクが一体化した機器。パソコンに内蔵されているものや、スマホのイヤフォンマイクで代用する場合は不要。

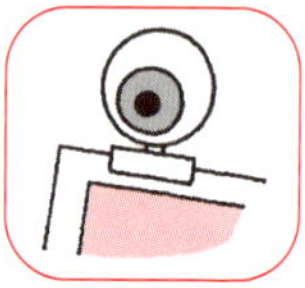

ウェブカメラ

ウェブカメラは必須ではないが、お互いの表情やジェスチャーを見ることができる。パソコンに内蔵されていたり、スマホやタブレットを使う場合は不要。

登録方法

※レアジョブ英会話の場合

① Skypeに登録 ※すでに登録済みの人は不要。

インターネットで、Skypeのダウンロードページにアクセスし、Skypeをインストール。Skype名、メールアドレスなど、必要情報を入れて登録する。

<Skypeとは？>
マイクロソフト社が提供する、インターネット電話サービス。ウェブカメラで映像を映しながらのビデオ通話や、文字を使ったテキストチャットなどが、無料で利用できる。オンライン英会話スクールの多くは、このシステムを使用。

② オンライン英会話スクールへ登録！

インターネットで、オンライン英会話スクールのサイトにアクセスし、新規登録画面に進む。ユーザー名（先生に呼んでもらう名前を英語で。わかりやすい名前にしよう）、Skype名（Skypeで登録した名前）、メールアドレスなど、必要情報を入力して、登録。

③ 無料体験

レッスンを2回程度提供しているスクールが多いので、まずは試してみよう！

④ 本登録

入会を決めたら、料金プランの選択。目的、目標、生活習慣に合わせて選ぼう。多くのオンライン英会話スクールが1カ月単位のプランになっており、状況に応じて変更や休会もしやすくて便利。

※各スクール比較表は200ページに掲載。

STAGE 1

How to make the best use of the online English lesson from scratch

0〜2カ月

【英語レベル】

リーディング	★
リスニング	★
スピーキング	★
ライティング	★
不安度	★★★★★

ONLINE 1

緊張のオンライン英会話初体験

レッスン2時間前
やっぱりやめておけばよかった…
ドン引きされたらどうしよう…
Skype
い…ハロー アーテス テス
レッスン開始！
タ〜ラタ〜♪
ピ
シッ
Hello!
は…はろーはろー
2時間後
あなた…
ツーツー
はっ
おわってる!!

36歳にして、生まれて初めて英会話レッスンに挑戦することを決意した僕。

オンライン英会話スクールでは、無料体験レッスンを受けられるところが多いので、僕もさっそく会員登録を済ませ、予約してみることにしました。たくさんの講師がいる中で、声も顔も怖くない、やさしそうな女性の先生を選びました。

そして迎えた、体験レッスン当日。2時間フリーズしました。

パソコンがフリーズしたのではありません。僕が**緊張のあまり、2時間固まった**のです。レッスン開始時間の2時間も前からパソコンを起動し、Ｓｋｙｐｅの音声テストサービスで「Hello, hello……」とテストコールをし、その間頭によぎるのは、「あー、やっぱりやめておけばよかった……」「冷静に考えて、36歳から英会話、しかも日本語を話さないフィリピンの先生となんて無理だ」「先生は若い女性が多いので、そもそも会話が続かないのでは?」「英語があまりにもできなくて、気まずくなったり、冷たくあしらわれたりしたら、立ち直れないよ〜」という、弱気なことばかり。

そして、レッスン開始時間ちょうど……ターラッターー♪（Ｓｋｙｐｅの呼び出し音）

「キターッツッ!!」

〝は、はろー〟

〝Hello! Nice to talk to you, Katsuya-san!〟(こんにちはカツヤさん、お話しできて嬉《うれ》しいです!)

〝は、はろー〟

〝Can you hear me?〟(聞こえますか?)

〝いえす……〟

この後は、頭が真っ白になり、どんなやりとりをしたのかはっきり覚えていません。先生は僕のあまりの緊張ぶりに若干戸惑いながらも、とてもやさしくレッスンの大まかな流れを説明し、「2～3カ月もすれば話せるようになりますよ」といってくれたような気がします。

とはいえ、初レッスン中は何度も「あー、やっぱり無理だ」「早く終わってくれ～」「切っちゃおうかな」とずっとつらい状況で、たった**25分間のレッスンが永遠に続く**ように感じられました。

初レッスン終了後、ひとり、部屋で呆然《ぼうぜん》とたたずんでいました。

「もうちょっとうまく話せると思ったけど、想像以上にダメだった……」

ショックでした。落ち込みました。その後いろいろな人に話を聞いても、僕ほどダメダメだった人、緊張していた人はいません。それぐらいの状態でした。

ところが、です。

数分ほどして、なぜか不思議と「楽しかったな……」という感覚が心の奥に芽生えたのです。そして、先生が掛けてくれた**「2~3カ月もすれば話せるようになる」**というひと言を思い出し、根が単純な僕は「そうか、2~3カ月続ければ英語が話せるようになるのか、**じゃあ続けてみよう**」と思ったのです。

今にして思えば、これは先生が僕を勇気づけようとしていってくれただけの言葉かもしれません。でも結果として、この単純な僕の選択は、正しかったようです。

もうひとつ。「こんなにやさしい先生なのだから、きちんと英語が話せるようになって、自分のことを話したり先生のいうことを聴き取れるようになりたい。もっと英語が上達したら、先生に感謝の気持ちを伝えたい!」という想いが浮かんできました。

つまり、英会話を教わろうとオンライン英会話のレッスンを受講したことで、今までの自分の人生に存在しなかった、**英語を通じてコミュニケーションを取りたいと思える相手**ができてしまったのです。

このことが、英語、とくに英会話に励む大きな意欲になったことは、いうまでもありません。

この項目のまとめ

- 初回のレッスンで、目も当てられないぐらいダメダメでも全く問題なし！
- 「この人ともっと英語で話したい！」と思える相手＝先生に出会える。

ONLINE 2

自分の目的に合った講師を選ぼう。オススメはコールセンター経験者

無料体験を経て、正式にオンライン英会話をはじめることにした僕。

オンライン英会話の特徴のひとつに、**講師数の多さ**があります（数百名から数千名在籍しているところが主流です）。選択肢が多くてありがたい反面、「どの先生を選べばいいのだろう……」と、迷ってしまうこともしばしば。根が優柔不断な僕は「この先生がよさそう、いやこっちの人の方が……」と、あれこれ悩んで1時間かかることも。これでは、英語の勉強をしているのかなんなのか、わかりません。

多くのオンライン英会話スクールの予約画面には、講師の顔写真、音声、プロフィールが掲載されています。最初はどうしても、キレイな女性の先生を選んでいました。

生徒が男性だと、そのようなケースが多いようです。キレイな異性と話をするのは楽しいので、しばらくは英会話を楽しく学べることに満足していました。

が、あるときハッと気づきました。

「僕の英会話の目的とは、一体何だったのだろう!?」と。そこで「できれば仕事で英語を使えるようになりたい」という目標を思い出したのです。

次に講師を選ぶときに、**プロフィール**に僕が働く業界である**call center**と書かれた人が多いことに気づきました（検索方法は、スクールによって異なります）。

調べてみると、オンライン英会話の講師の国の主流であるフィリピンは、おもに米国企業からのコールセンター事業の委託先として、インドを抜いて世界一の市場になっていました。だから、コールセンター勤務経験のある先生がたくさんいるのです。

米国のお客様を相手に英語を使って仕事をしてきた人たち。そして私たちと同じ**英語を母国語としないアジア人**（英語はフィリピンの第二公用語ですが、母国語ではありません）です。

つまり生徒は、そのような人たちから、英語のみならず、**ビジネスの経験や、お互**

いの国の業界の違いや共通点なども話し合い、学ぶことができるということです。それはまさに、僕が求めていたものでした。

このことに気づいた僕は、なるべくコールセンター経験のある先生を選ぶようにして、仕事のやや専門的な話をしたり、お客様対応用の英文メールを添削してもらったり、電話応対や会議のロールプレイングをしたりと、実践的なレッスンを一緒に作っていきました。

これらのレッスンは、その後実際に仕事の電話や会議で英語を使う際の実用的な予行演習となり、とても役立ちました。講師検索で同業または似たような業界や職種の経験のある人が見つかればそれに越したことはないですが、コールセンター経験者の先生は、**コールセンター業界以外の人にもオススメ**です。

その理由は、以下の3つです。

①コールセンター業界とひと口にいっても、実際には金融、IT、製造業、小売業な

ど、さまざまな業界がある。

②コールセンターのスタッフは電話でお客様をサポートするプロであり、Skypeなどの声で英語を教えるオンライン英会話と共通するスキルをもっている。

③主に米国のお客様を相手に電話応対をしている関係から、コールセンターによっては米国のアクセントを徹底的にトレーニングしてから電話応対デビューというところもある。そのような背景から、発音のクリアな先生が多い。

このように、自分の目的、目標を第一に意識して、そのための英会話のトレーニングや、関連する話をしてもらえそうな先生を選ぶというのは、「ただ楽しいレッスン」から「少し先の未来を変える、夢に近づくレッスン」にするためにとても大切なポイントなのです。

この項目のまとめ

- 講師のプロフィール検索で、自分の英語の目的に合った人を選ぼう。
- 自分の仕事の業界や職種と同じ講師がいたら、その人のレッスンを受けてみよう！　いない場合はコールセンター経験者がオススメ！

ONLINE 3

先生が代わると全然聴き取れない！話せない！

ボクも結構話せるようになってきたし
今日は違う先生にしてみるぞ
あ…あれっ!?
ぜんぜん聴きとれない…!!
ぜんぜん通じてない…!!
おーいおーい
先生〜ボクもう先生じゃないとダメな体になってしまいました〜
→いつもの先生
同じ先生とばかり話してたらこうなりました

オンライン英会話のレッスンを、1回25分、週3回のペースで受講し、約2カ月が経《た》とうとした頃。仲のよい先生もできて、前述の自己紹介をベースにしたやりとりといった限定的な内容であれば、あまり苦しまずに話せるようになりました。

ところが「英会話ができるようになってきたかも！ オンライン英会話、最高!!」と、2カ月前にオンライン英会話を選択した自分をガッツポーズで讃《たた》えていた矢先、事件が起きたのです。

上機嫌で「今日はいつもの先生の予約が埋まってるから、ほかの先生にしてみよう」と、初めての先生を選び、レッスンが開始。

すると……。聴こえない！ 先生の話している英語が聴き取れない！ 自分の話している英語も、通じていないみたい……!?

焦りました。今までの2カ月は一体なんだったんだろう、と。仲のよい先生とは、英語できちんとコミュニケーションを取れていたはずだったのに！

試しにまた別の先生と話してみましたが、結果は同じ。落ち込みました。もしかすると今まで、仲のよい先生は、僕の英語が変でよくわからなくても、適当に話を合わせていただけだったのか？　いや、そんなことはない、あんなにいい先生なんだから。

その後少し冷静になって、考えてみました。導き出した答えは、次のとおりです。同じ先生と何度も話していると、お互いが使うボキャブラリー、文法の癖《くせ》、発音の癖などに慣れてきます。そして、初心者だと内容のバリエーションもそんなにありません。さらには仲よくなるとそれこそ言葉というよりフィーリングでわかり合える（つもりになる）ということが起きるのです。

つまり、本当は英語という言語でのコミュニケーションは、まだまだできていなかったわけです。

そこに気づいた僕は、ショックを受けながらも、なるべくいろいろなタイプの声、話し方、年齢、性別、職業や趣味のバックグラウンドの違う先生のレッスンを受けるようにしました。

とくに、とても早口な人や男性で声が低めの人は、最初は苦労しましたが、いいトレーニングになりました。そうして、１００人以上の先生と英会話をするうちに、どんなタイプの先生の話も聴き取れるようになり、こちらの話もわかってもらえるようになっていきました。

この考えは、僕が仕事で英語を使いはじめた後に、とても有効だったと実感しました。なぜなら、ビジネスでは何度もコミュニケーションを取って仲よくなれる相手以外とも、英語でやりとりをしなければならないからです。ビジネスで登場する外国の方にも、さまざまなタイプがいるでしょうしね。

オンライン英会話のレッスンでも、とくに外国人と話すこと自体に慣れていないうちは、**同じ先生ばかりを選ぶよりも**、気に入った先生は作りながらも**違ったタイプの先生のレッスンも取っていく**ことが、ひとつのブレークスルーにつながります。

この項目のまとめ

- 同じ先生とのレッスンに慣れすぎると、ほかの人との意思疎通がうまくいかない。
- バリエーションを意識して違ったタイプの先生をどんどん選ぼう！

ONLINE
4

自己紹介ばかりうまくなっていく日々

毎回違う先生と話すことにしたボク
My name is Katsuya.
I like music.
初回は自己紹介が必須
若い頃バンドをやっていたときのボクです
キャッ
キャッ
若かりし頃の写真
WoW
今日も楽しく自分を紹介できた!!
……
だから違うんだって…!!
仕事で英語を使えるようになりたいんだってばYo…

オンライン英会話では、**初めての先生とはお互いの自己紹介をしてから**。2回目以降の先生であれば"How are you?"のあと簡単に近況などを話してからレッスンに入っていくのが、一般的な流れです。

前項でとにかくたくさんの先生と話すことが大事だと考えた僕は、毎回違う先生のレッスンを受けていました。

すると必然的に、自己紹介をたくさんするようになります。

毎回同じ話をするのも飽きてくるので、

"My name is Katsuya. I work for a call center company. I would like to use English at work some day."（名前はカツヤといいます。コールセンターの会社で働いています。いつか仕事で英語を使いたいんです。）

から始まり、

"I like music. Do you know X JAPAN? When I was young, I was a member of a rock band. I used to wear heavy makeup like them."（音楽が好きです。X JAPANを知っていますか？ 僕は若い頃、ロックバンドのメンバーだったんです。僕は彼らのように、濃いメイクをしていました。）

といった趣味の話、

“I have two children. They are just like my sweethearts.”（子供がふたりいます。恋人みたいなものですね。）

といった子育ての話と、バリエーションが増えていきました。

そのうちパターン化されるので、自己紹介はとても流暢《りゅうちょう》になり、笑いが取れるまでになりました。でも、ある日気づいたんです。

「うまくなってきているのは、自己紹介だけじゃないか!?」と。

オンライン英会話は1コマ25分間というところが多いのですが、僕はその頃、自己紹介＋αだけでレッスンが終わってしまうことがしばしばありました。自己紹介で盛り上がると、その流れからレッスンは大体同じような展開になってしまいます。そう考えると、**自己紹介だけがうまくなる**のは当然の結果でした。

よく考えてみると、実際に仕事や生活で英語を使う場面で、自己紹介をする機会はそこまで多くありません。ましてや、25分間もそれに関する話題で盛り上がることは会社員にとって、まず考えにくいです。むしろ自己紹介は手短にして、その後の仕事なり何かの中身の方に時間を割くはずです。

僕は、作戦を変更しました。

オンライン英会話の自己紹介ではあれこれ話さず、その後**自分がしたいレッスンに関連した内容に絞る**。

例えば、仕事で英語を使う練習をしたいのであれば、**自己紹介も仕事について話し、それ以外のことは話さない**、といった具合です。これは、例えば趣味や家族についても話すと、先生がそっちに関心をもってしまい、肝心の仕事についての英語の練習ができなくなることを防ぐために有効です。

"I work for a call center company. In this lesson, I would like to practice conducting a meeting in English."(コールセンターの会社で働いています。このレッスンでは、英語で会議をする練習がしたいです。)

などと続ければ、自然に無駄なく自分のしたいレッスンにもっていけます。

それならば自己紹介は完全にやめて、いきなりレッスンの本題に入れば、より時間を有効に使えていいじゃないかと思われるかも知れません。ですが、**お互いの自己紹介や"How are you?"のやりとりは必要**です。**レッスンの成否は先生との人間関係にかかっている**からです。手短にでも、挨拶を兼ねてお互いのことを知ってもらう時間は、その後のレッスンを円滑に進めることにつながり、身につく英語スキルそのものにも影響してくる大切な時間だといえるのです。

この項目のまとめ

- 学びたい内容に関連した自己紹介に絞ると、レッスンの効率がアップ!
- 自己紹介は、レッスンを円滑にする大切な時間でもある!

ONLINE 5

英語が聴き取れない場合はチャットボックスを利用せよ！

先生が何か教えてくれてるっぽいのに
どうしよう!!
全然聴き取れない…!!
どうしようどうし…
はっ!!
今の言葉チャットボックスにタイプしてもらえますか？
おお…わかる…!!
わかるぞ!!
書いてもらうと意外とわかったりします

オンライン英会話と出会い「とにかくたくさん話せば、英語が話せるようになるんだ!!」と、思っていた僕。

——またまた壁にぶち当たりました。

オンライン英会話では、レッスンは英語のみでおこなわれるのが主流です。英語学習をはじめて日も浅く、リスニングスキルの乏しい僕にとって、先生が何かを教えてくれているのに、そもそもそれが聴き取れないので「教わること」ができなかったのです。こちらから一方的に英語を話し、先生も何かをいっている。でもそれが聴き取れないので、コミュニケーションも成り立っていない。

このままでは、オンライン英会話でたくさん話しても、ただ一方的に合っているか間違っているかわからない英語を口から出すことがうまくなっていくだけで、それはもはや英会話ではありません。困りました。焦りました。

そんな僕を救ってくれたのが、**Skypeのチャットボックス**です。

オンライン英会話スクールの多くは、Ｓｋｙｐｅまたはそれに近いツールを使ってレッスンを提供しています。そのおもな用途はもちろん音声通話ですが、これに加えて文字を入力して送受信できるチャット機能が、オンライン英会話に欠かせないすぐれた機能なのです。先生の話す英語が聴き取れないときに、

“Could you type the word you said in the chat box?”（あなたがいったその言葉を、チャットボックスにタイピングしていただけますか？）

と伝えて、先生に文字で書いてもらいます。**聴き取りはできなかったけれど、文字で見ると知っている英単語だった**、ということはよくあります。

これは、とくに僕のようなアラフォー世代は、学生時代に英文読解や文法を重視した授業を受けていたためだと思います。

ここでのポイントは、そのような過去の英語教育を悲観するのではなく、「読めば案外わかるじゃないか！」と感動することです。それに対して、スピーキングやリスニングは、学校の授業でほとんどやっていなかったので、できなくて当たり前。それをオンライン英会話で補えばいいのだと考えるようにしましょう。

先生が書いてくれた英語の意味がわからなかったり、自分のいいたい英語がわからないときにも、チャットボックスは威力を発揮します。**「Weblio」**や**「英辞郎」**

などのオンライン辞書をブラウザで開いておき、コピー&ペーストするだけで意味を調べたり先生に伝えたりできます。英語のリスニングスキルを高めるために、**「文字」と「音声」をすり合わせる**こと、そしてそのストックを増やしていくことは、とても有効な方法です。

先生が声に出してくれる音声と、チャットボックスに書いてくれる文字を、リアルタイムですり合わせることができる、しかも自分が今まさに使いたい英語に対してできることは、オンライン英会話の大きなメリットです。

さらに、Ｓｋｙｐｅなどでは、チャットボックスにウェブページのＵＲＬを貼り付けてクリックするだけでそのページに飛べるハイパーリンクや、Ｅｘｃｅｌなどのファイルも送ることができます。

このことが、世界中のウェブページ（例えば英語版のＷｉｋｉｐｅｄｉａやＹｏｕＴｕｂｅ、ＢＢＣなど）や自作のファイルをオンライン英会話の教材として使うことを可能にしています。

学べる素材が無限に広がるのですから、わくわくしてきますよね。

会話だけでなんとかしなくても、**文字に頼ってもいい**という安心感と、インターネットを使って**なんでも教材にできてしまう**というメリットを、ぜひ知っていただきたいです。チャットボックスは、オンライン英会話で、あなたの救世主になります。どんどん活用していきましょう。

この項目のまとめ

- リスニングに不安があっても、チャットボックスで補完できる!
- URLやファイル添付で、使える教材の可能性は無限に広がる!

孤独な学習を救ってくれたのはTwitter

オンライン英会話は、レッスン中はとても楽しいものです。

ところが、ひとたび“See you!”と挨拶をしてレッスンが終わると、ぽつんと寂しくなることが……。じつは、**オンライン英会話学習は「孤独」**なのです。

理由はふたつあります。

まず、会話はパソコンやスマホに向かっておこなわれているので、もともと目の前には誰もいない、ということ。Ｓｋｙｐｅがオフラインになった瞬間に「おぉ、そうだった、この部屋には自分ひとりしかいないのだった!!」と気づくわけです。レッスンが盛り上がれば盛り上がるほど、このギャップは激しくなります。

もうひとつは、生徒が自分ひとりである（場合が多い）、ということ。オンライン英会話は、生徒同士のつながりが基本的にはないのです。学校や塾のように、ひとつの場所に集まってよきライバルと切磋琢磨《せっさたくま》したり、励まし合ったりという機会が、ないわけですね。

じつは、これらはオンライン英会話学習に挫折する大きな要因なのです。では、どうすればいいのでしょうか？

答えはひとつです。それは、**英語学習仲間とつながる**ことです。

僕の場合は**Twitterで英語学習の情報をチェック**したり、**自分の学習内容を投稿**したりしていたので、その過程で何人ものすばらしい学習仲間とつながることができました。さらに、尊敬する英語関連の先生方やオンライン英会話スクールの主催する**セミナーやイベントに赴《おもむ》き、そこでより深い交流をもつ**こともできました。

Twitterで英語学習をがんばることを公言して、ある程度仲間に監視してもらいながらがんばれたというのは大きいです。しんどいときには激励のひと言に勇気をもらったり、レッスンが終わった後に感想をツイートして反応をもらい、「ひとりじゃないんだ！」と思えました。

その人たちとは、知り合って何年も経ちますが、今でも交流があり、ときどき会ったりしています。今も変わらず、尊敬できる、いい仲間です。彼らがいなければ、間違いなく僕は挫折していました。

このことは、オンライン英会話やそのほかの英語学習を続けることができた人が、共通して口にすることです。

ポイントとして挙げられるのは、お互い尊敬し合える関係であること、学習の成果が出たときに自分のことのように喜び合えて、成果が出なかったときに自分のこと以上に励まし合えること、仲間うちだけで固まりすぎず適度な距離感があること、でしょうか。

とくに最後の点は盲点になりやすいです。学習は自分ひとりで黙々と集中しておこなう時間が必要なため、仲間としょっちゅう会ってばかりいると、肝心の学習時間が減るためです。

孤独を回避するために、ぜひSNSなどを通じてよい仲間を見つけてください。

この項目のまとめ

- オンライン英会話は、そもそも孤独だと知る!
- SNSやセミナーなどを通じて尊敬できる英語学習仲間とつながろう!

ONLINE 7

「英語のできる素敵な人」を思い描こう！

オンライン英会話をうまく続けていく上で、大切だと思うことがあります。それは「こんな人になりたい!!」と思える**ロールモデルを作る**こと、そして数カ月後や数年後に、そのようになっている自分自身の姿を思い描くことです。

これにはふたつのメリットがあります。

まず、**英語学習を続けるモチベーション**になります。英語を身につけるには、ある程度の時間が必要ですから、やる気が出ないときもあります。そんなときにも自分の目指したい人、こうなりたいと思える人がいると「あの人みたいになれるよう、またがんばっていこう」と思えるのです。

もうひとつは、**自分の目指すべき方向と、必要な行動がわかる**ことです。ひと口に英語といっても、その幅は広く、人によって必要になるスキルもレベルもさまざまです。自分がこうなりたいという人を思い描けると、今の自分とのギャップがどれぐらいあり、それを埋めるには何をどれぐらいすればいいのか、より具体的に目標を設定していくことができます。身近な人であれば、実際に尋ねることもできます。

それでは、どのような人を自分のロールモデルにすればいいのでしょうか？　さまざまな考えがありますが、僕は**自分が本当に憧れている人、生き方に共感できる人、国籍はできれば日本またはアジア**で、**自分もがんばればその人の英語力に近づけるのでは、と感じられる人**がいいと思います。

僕の場合は、大好きなロックバンド、X JAPANのYOSHIKIさん、英語学習者の集まりで出会った人、勤務先で英語を使う社員など、数名の人たちを心に思い描いてきました。

YOSHIKIさんは、今では米国ロサンゼルスに住み、世界中にファンをもち、インタビューもレコーディングも英語でこなす英語力の持ち主ですが、英会話をはじめたのは20代半ば、日本にいたときだそうです。英語の必要性を感じ、多忙を極める中、家庭教師をつけて特訓をしていたと雑誌のインタビュー記事などで知りました。つまりＹＯＳＨＩＫＩさんは、大人になってから国内で英語を身につけた人で、それ以前に僕が大ファンだということもあり、英語学習を続けていく上で大きな励みになりました。

また、英語学習者の集まりの参加者や、勤務先で英語を使う人に出会えたことにより、それまでの自分の人生にはいなかった「英語を話す人のロールモデル」を身近に感じられるようになったことは、大きな出来事でした。

それまでは「英語ができる人というのは、ネイティブか帰国子女か、子供の頃から英会話をしてきた人だけ」と思い込んでいました。しかし、大人になってから英語を身につけ、発音も日本人そのものという感じでも、文法をたびたび間違えても、しっかり英語を使って外国人と仕事をしてきている人たちに僕はたくさん出会いました。そしてそのために彼らがどんな勉強をしてきたのか、どんなことに気をつけているのかといったことを学ぶことができ、それらを真似《まね》しながらオンライン英会話学習に取り入れていきました。

そのような人が身近にいない場合は、**YouTubeなどで英語を話して活躍している日本人の映像を探してみる**のもオススメです。ハリウッドで活躍する俳優さん、外国人に向けてスピーチする有名企業のCEO、あるいはもっと身近な自分と同じような年齢や職業で英語を話している人の動画など。

オフ会やセミナーなどに参加してみるのもいいです。そうやって積極的に探していると、「この人だ！」と思える出会いが、きっとあります。

オンライン英会話の先生をロールモデルにするのもいいですね。オンライン英会話には、フィリピンの先生が多くいます。フィリピンでは英語は母国語ではないため、学校で習得してきたので、彼らが実践してきた学習法を直接、詳細に聞くこともできます。

ただ、フィリピンのオンライン英会話の先生の英語のレベルは段違いに高いので、その点は考慮に入れておくようにしましょう。彼らのレベルになかなか届かなくても、全く落ち込む必要はありません。

ペラペラ
ペラペラ
ネイティブ
うう…行ける気がしない
ロールモデルは自分と遠い世界の人ではなく…
英会話オフ会
大人になってから勉強したんですか!?
スゴイ!
英語を通じて出会った人だったり
YouTube
ペラペラ
カッコイイなァ~
生き方に共感する人だったり
がんばればボクも行けるかも…!!
身近な人をモデルにする方ががんばれました

この項目のまとめ

- 自分がこうなりたいと思えるロールモデルを作る。
- 憧れの人、身近な人を積極的にチェック。オンライン英会話の先生をロールモデルにするのもいい。

ONLINE 8

初回レッスン以降、挫折せずに継続できた理由

オンライン英会話は、気軽に申し込めて手軽に学べる手段です。だからこそ、体験はしてみたけれど続けることが難しいという話も聞きます。そんな中、僕が挫折をせずに次へ次へと学習を進めていけた理由は、おもに3つあります。

①尊敬できる先生と話すのがとにかく楽しく、いつか恩返しをしたいと思った

お気に入りの先生に何人か出会えると、英会話のレッスンでありながら、尊敬できる外国の友人と話しているような感覚になります。彼らは若いのに、仕事や家族についての考え方がとてもしっかりしていて驚きました。英語の教え方も丁寧で辛抱強く、こちらのペースに合わせて、やりたいことを聞いてくれました。

とくに印象的だった出来事は、日本で震災が起きた2011年に、Skypeで先生から“Are you OK?”（大丈夫ですか?）とメッセージをもらったり、何人かの先生が給料から寄付をしてくれたことです。

そのとき「英語をもっと使えるようになって、先生たちに恩返しがしたい!!」と思いました。36年間英語を話すことができなくて一生無理だと思っていたのに、彼らのおかげでできるようになってきた、それに加えて、こんなに温かい気持ちにさせてくれる人たちに、何かしたい、という想いでした。

彼らに、自分が教えた生徒が英語を仕事や生活で使って幸せになっているんだと喜んでほしい。だからがんばろうと思えたのです。

②感動や興奮を、大袈裟《おおげさ》なぐらい感じられた

オンライン英会話を続ける中で、いくつもの感動ポイントを体験してきました。

例えばフリートークで、自己紹介から趣味の話をして質問を受け、相手の趣味について質問したり、今日どんなことがあったかを説明して……というやりとりができるようになってきたとき。全く話せなかったスタート時点から比べて「あれ？　もしか

して今、英語で会話ができてる!?」と感じられた瞬間は、とても嬉しかったです。

僕がオンライン英会話でこんなに感動したり興奮したりするのは、この歳にして初めて、英語を話せると思える状態になれたからです。

この感動と興奮が、次のレッスンを受講するためのパワーとなっていました。

③自分が思うレベルに、まだ達していないと強く感じたから

オンライン英会話を3カ月ぐらい受講すると、上達したという実感を得られると思います。ですが、それは「限られた場面では対応できる」というレベルです。「俺、結構いけるかも!!」と思ったのに、違う英語の場面になると「あれ？　まだまだだ……」と気づく。半年経ったら似たようなことがまたあります。

さらに、1年経ってもまたあるのです。この経験は、これから永遠に繰り返されていくことでしょう。しかしそれは、停滞しているのではなく螺旋《らせん》階段を上っているようなイメージです。同じところをぐるぐる回っているのではなく、少しずつ高いところへ向かっているのです。

僕は、英語を仕事で使えるようになりたい、具体的には「英語で会議の進行、報告、

発言をする」「参加者からの質問に答える」「会議の資料も英語で作る」「英語のメールのやりとりができるようになる」といった目標があり、それができるようになるまでは続けようと思っていました。

「どこまで到達したいのか、そのためにオンライン英会話をどれだけの期間、どれぐらいのペースで、どのように活用するのか」と戦略的に考えることが、大切なのです。

この3つが、オンライン英会話を続けられたおもな理由です。あなたも、体験しながら感じてみてください。

①尊敬できる先生と出会う
カツヤサン がんばって!
いつか先生に成長した自分を見せたい!!
じーん
②たくさんの感動がある
今日はどんなことがありましたか
ボク英語で会話できてる!!
今日はこんなことがあって…
③自分はまだまだだと何度も思い知る
オンライン英会 オフ会
全然聴き取れなかった…
ズーーン
①楽しい
③まだまだ
②ボクって天才!
楽しい!
おお なんか上っていってる!!

この項目のまとめ

● 「尊敬できる先生との出会い」「レッスン中の感動や興奮」「目標設定」で、オンライン英会話を続けていける!

Column 2

オンライン英会話便利フレーズ①
初心者編 あいさつから自己紹介、トラブル回避など

Nice to talk to you. お話できて嬉しいです。

Nice to meet you. お会いできて嬉しいです。

How are you? 調子はどうですか? / I'm good. いいですよ。

I'm great. とてもいいですよ。/ Couldn't be better! 絶好調!

How about you? あなたはいかがですか?

Can you hear me clearly? 私の声はクリアに聞こえますか?

Your voice is choppy. あなたの声が途切れます。

We seem to have an issue with Internet connection.
接続に問題があるようです。

Let me call you back. かけ直させてください。

I've been working in the ** industry. **の業界で働いています。

I'd like to improve my English skills, especially, speaking skills.
英語のスキル、とくにスピーキングスキルを改善したいんです。

I would like to use English at work in the near future.
近い将来、仕事で英語を使いたいんです。

I'd like to practice pronunciation because I'm not good at pronouncing L and R.
LとRを発音するのが得意ではないので、発音の練習がしたいです。

My purpose of English is **.
Are there any recommended lessons?
私の英語の目的は**です。おすすめのレッスンはありますか?

Could you type the word you said in the chat box?
今いった言葉をチャットボックスにタイピングしていただけますか?

So far, no problem. I think I understood that.
今のところ、問題ありません。それを理解できたと思います。

Do you mean ***? こういうことですか?

I'd like to go to the bathroom... Could you wait a moment?
トイレに行きたいです……少々お待ちいただけますか?

STAGE 2

How to make the best use of the online English lesson from scratch

3〜4カ月

【英語レベル】

リーディング	★★
リスニング	★★
スピーキング	★★★
ライティング	★
気恥ずかしさ	★★★★★

Tha…
Thank you for your fruitful lesson!
カァ〜
復習
予習

ONLINE 9

「恥ずかしい」というマインドブロックを解除する秘訣

何階ですか？
話しかけようかな…
でもきっと…
発音が全然ダメ
文法もヘンだし
わあぁ～ボクにはムリです～!!
？
おそろしきマインドブロック

オンライン英会話のレッスンで、フィリピンの先生との会話がどんどん弾むようになり、英語を話すことへの抵抗感がなくなってきた、ある日のこと。

「嬉野さん、英会話してるんだってー？　英語で何かしゃべってよー!!」

「え……えーっと……」

会社で同僚にいわれたときに、何も話せませんでした。

またある日のこと。オフィスのエレベータに外国人が入ってきました。僕は階数を押すボタンの前にいたので「何階ですか？」と英語で聞こうとしたものの、結局何も話せませんでした。

英会話を数カ月続けたにもかかわらず、英語をひと言も話せなかったのです。

「僕はこのままでは、オンライン英会話の中だけでしか話せない人になってしまうのでは……!?」と、密《ひそ》かに焦りました。

原因に、僕が人と話すのが苦手という性格上の理由と、レッスン外のリアルな場面での英会話に慣れていないという経験値以外に、もうひとつ思い当たることが……。

それは、**「日本人に自分の英語を聞かれるのが恥ずかしい」**という気持ちです。「オンライン英会話やＴＯＥＩＣで勉強してるのに、発音がよくないとか文法が間違ってるとか、たいしたことないなとか、思われるんじゃないか？」という怖さです。

これは僕が気にしすぎているのかな、僕特有のことなのかなと思い、周りの人たちに聞いたところ、ほぼ全員が同じ経験をもっていました。

英語を話すときのハードルとしてよくいわれる、**マインドブロック**というものです。

それでは、これをどのように克服すればいいのでしょうか？

“Don't be shy!”（恥ずかしがらないで！）のひと言でクリアできれば話は早いのですが、そううまくはいきません。

でも大丈夫です。実際の経験から、次のふたつの方法で解決できると思っています。

それは**「日本人同士で英会話の練習をすること」**と、**「考え方を変えること」**です。

まずは、日本人同士で英語を話す集まりに参加する機会を作りましょう。オンライン英会話では外国人の先生と話します。ところが、仕事などで英語を使う場合は外国人だけでなく日本人の同僚や上司、部下に自分の英語を聞かれる可能性があります。

そのため、**日本人がいても英語を話すという経験をできる限り積んでおく**ことが有効です。僕の場合は、Ｔｗｉｔｔｅｒで知り合った人たちと英語だけで話すオフ会に参加したり、東京英会話倶楽部という会に赴いたり、仕事上で日本人同士の会議を英語でするなどして、恥ずかしさを徐々に払拭《ふっしょく》していきました。

もうひとつは「英語を仕事で使う人や英語のできる日本人は、あなたの英語のことをじつはあまり気にしていない」と知り、「英語のレベルや美しさで魅せるのではなく、英語で仕事を進めたり外国人の助けになるという本来の目的に集中するんだ」という考え方をもつことです。

前述のエレベータのときに僕は「〝何階〟はWhich floorかな、いやWhat floorか？ その後はare you going to go…… いや、外に出るんだからget outか……」とあれこれ考えている間に、相手はスッと階数ボタンを押してしまいました。

外国人の方に降りるフロアを聞き、その階数ボタンを押すことで、その人の役に立つことが本来の目的だったのに、言い回しをいろいろ考えて格好をつけようとしてしまったのです。周りの日本人に不格好な英語を聞かれたくないと、自分のことを考えてしまったのです。

仕事で英語を使うようになってわかったのは**「誰も僕の英語のことを気にしていない」**ということ。みんな仕事がしたいのであって、他人の英語を評価したいわけではありませんからね。

オンライン英会話ではレベルアップを目指すために、間違いの指摘をしてもらったり、改善点を見つけることは大切なことです。しかし一方で、ぜひ**「誰も気にしていないんだから、本来の目的だけに集中しよう」**と考えるようにしてください。

きっと、マインドブロックを解除できますよ。

この項目のまとめ

- 日本人に英語を聞かれるのが恥ずかしいと思う人は、とても多い！
- 解決策は、日本人同士で英語を話す機会を作ることと、誰も自分の英語を気にしていないと思うこと！

ONLINE 10

TOEICとの両立に悩む日々

週3回のオンライン英会話を続け、3カ月が経ったある日。

またまた悩みが出てきました。

TOEICとオンライン英会話を両立すべきか、それとも**片方ずつ集中して取り組むべきか**という悩みです。


僕は、オンライン英会話をはじめる3カ月前からTOEICの勉強をスタートしていました。なぜTOEICかというと、何かしらテストなどの目安、向かっていく対象がないと自分は勉強しないと思ったからです。また、社会人の英語試験としてTOEICは聞いたことがあり、上司などもみんな知っていました。

「700点あると結構すごいらしい」と聞いたことがあったので「じゃあ800点あればこの歳からでもアピールになるかも!!」と、ざっくりした目標を立てて問題集を解いたり、通勤時間にリスニング音源を聴いたりという勉強を開始しました。

TOEICでリスニングとリーディングのスキルを身につけよう。英会話は誰かと話さないと難しいだろうから、オンライン英会話をしよう。そう考えて、並行して取り組んだわけです。

しかし、TOEICはやはり試験なので、問題を数多く解き、間違えたところを復習して、語彙《ごい》や文法も勉強して……といったことに時間をかけた方が早くスコアアップできるように思えてきたんです。

というのも、当時TOEICのスコアの伸びも、オンライン英会話でのスピーキングの伸びも、当初の予想よりも鈍くなってきたような気がしたからです。

とはいえ、TOEICの勉強だけしていると、その間に英語が話せなくなってしまいそうでした。そんなふうにあれこれ悩みながらSNSや書籍などでさまざまな情報をチェックし、自分自身の習性や目的も考慮して、導き出した答えは**「両立は正解」**

です。

TOEICの試験勉強だけを数カ月続けることは、自分には無理でした。オンライン英会話はとにかく楽しいので、それを取り入れたからこそ英語学習を続けられたと思っています。たとえその時点では、先生の話す英語が聴き取れなくても、だからこそまたTOEICのリスニングをがんばろうというふうに、お互いリンクして、学習継続につながりました。

ただ、800点や900点など**ハイスコアを直近に狙っている時期には、オンライン英会話を休むなどして、TOEICに専念**した方が目標は達成しやすいと思います。逆に、**英語のプレゼンが近いといった時期にはTOEICの勉強を休み、オンライン英会話でスピーキングの練習に集中**した方がいいと思います。

仕事で英語を使うようになった今、やはりこの方法で学習してきてよかったと感じています。

仕事で使うのに必要な語彙、文法、ポイントを捉えながら英語を聴くスキル、スピーディに英語を読むスキルなどが、TOEICのスコアアップを狙って勉強する過程で身についていきますし、一方、英語を話したり書いたりするスキルは、オンライン英会話で仕事をテーマにした実践的なレッスンをすることで身についていくからです。

どちらかに偏りすぎることなく、ある程度バランスよく学習、練習したことで、英語を使う仕事の話が来たときに、チャンスを逃さずその案件を任せてもらえたのだと実際の経験上いえます。

英語を使う仕事は、そのときどきで読む、聴く、書く、話すの4技能のうちどれが必要になってくるかわかりませんからね。

※2016年8月より、「TOEICテスト」が「TOEIC Listening & Reading Test」（略称：TOEIC L&R）に、「TOEIC Speaking & Writing」が「TOEIC Speaking & Writing Tests」（略称：TOEIC S&W）に名称変更。

美人で聡明な彼女
TOEIC
一緒に居て楽しい彼女
オンライン英会話
話せるんだ…
と会うからとも楽しく
どちらかを選ぶなんてボクにはできない…!!
というわけで
二股でOK!!
まっ
オンライン英会話
TOEIC
ヨメ

この項目のまとめ

●TOEICとの両立は、正解!
●TOEICでインプット、オンライン英会話でアウトプットと、バランスよく学ぶことで英語を使う仕事を任せてもらいやすくなる!

ONLINE 11

好きなことなら、どんどん英語で話せる！

オンライン英会話をはじめて3カ月の頃、まだまだ流暢というには程遠く、先生の話すことも聴き取れない箇所が多々ありました。

そんな中、稀《まれ》に英語がどんどん口から出てくる現象が起きました。普段は「えーっと、んーと……」と考え込んでボソボソ話すのに、そのときだけはガンガン早口で、すごい勢いで話せるのです。

——それは、**大好きなことについて話すとき**でした。

例えば僕の場合は、ロックバンドX JAPANが大好きなので、レッスンで自己紹介の流れから、

"My hobby is listening to music. Do you know X JAPAN?"（趣味は音楽を聴くことです。X JAPANを知っていますか?）

と先生に尋ね、

"No."といわれたら、

"It's one of the famous Japanese rock bands. I've been a big fan of theirs for more than 20 years!"（それは、日本の有名なロックバンドのひとつです。僕は20年

以上、彼らの大ファンなんです！）
と伝えます。このあたりで、先生は"Wow! 20years!?"と反応してくれます。そこから、彼らの魅力についてどんどん語り、ついには
"In their concert, we jump with our arms crossed high above our heads, and shout all together X! Like this!"（彼らのコンサートでは、僕たちは腕を頭の上で高く交差させながらジャンプして、そして一緒にXと叫ぶんです！　こんなふうに！）
と、X JAPANのライブでファンがおこなうXジャンプをウェブカメラの前で先生にレクチャーしたりと、**好きなことについて話していると英語を正しく話さなければというストッパーが外れ、どんどん英語が口から出てきた**のです。

またある日のレッスンでは、日本の食べ物の話題になり、大阪出身の僕はお好み焼きについて英語で説明しはじめました。先生のノリもよく、"How do you cook it ?"（どうやって作るのですか？）と聞いてくれたので、YouTubeでお好み焼きの作り方を検索し、そのURLをSkypeのチャットで送り、先生に見てもらいながらお好み焼きの味や、お好み焼きは食事になるけどたこ焼きはおやつで、お好み焼き

定食には味噌汁とご飯がつくことなど、先生と大笑いしながら英語で話しました。

このように、英語で大好きなことについて夢中になって話す経験をすることは、とても大事です。**ストッパーが外れて英語がどんどん口から出てくる感覚を体感できる、**近道だからです。

ただし注意事項として、盛り上がりすぎるとミスに気づきにくいこと、実用的なレッスンにはなりにくく25分があっという間に終わってしまうことが挙げられます。

そのため、こういったレッスンもしながら、実用的なレッスン、先生からミスのフィードバックももらうレッスン、教材を使ったレッスンなども織り交ぜていくのがオススメです。

この項目のまとめ

- 自分が大好きなことについて、先生と英語で話してみよう！
- ストッパーが外れて、英語がどんどん口から出てくる感覚を体験しよう！

ONLINE 12

中学英語の英訳トレーニングで「英語回路」を作る

オンライン英会話のレッスンで使ったことのある言葉であれば、割とスムーズに英語が通じるようになってきたと感じていた頃、ある悩みが生まれました。

レッスンで使った言葉以外は「んー……」と考え込んでしまって、なかなか英語が出てこないのです。英単語や英語のフレーズが不足しているせいだろうと、TOEICの勉強などでインプットを増やしてはみたものの、それでも改善されなかったので、きっとそれ以外に原因がありそうだと考えました。

そんなときに手にしたのが、『どんどん話すための瞬間英作文トレーニング』（森沢洋介著／ベレ出版）という本です。内容は**「中学で習う英文法を使ったシンプルな英**

文の日本語訳の方を見て、瞬間的に英語にして口に出す」というトレーニング方法でした。

正解の英文を見ると「こんなに簡単な文で、いいのかな？」という印象をもつ人が多いと思うのですが、これを実際にやってみると英語がすぐに出てこないのです。例えば「あれはおもしろい本ですか？　はい、そうです」という和文を見て、"Is that an interesting book? Yes, it is."と声に出すのです。

この、少し簡単かなと思える文を使って、中学の英文法をバランスよく網羅した形で収められているのが、この本が効果的な理由だと感じます。

「お母さんが中国人のその少年は中国語を話せますか？」という文も出てきます。正解は"Can the boy whose mother is Chinese speak Chinese?"。なかなかパッと口から英語が出てこないのではないでしょうか？　でも、これも中学英語なんです。

中学英語以上に難しい英文は、瞬間的に英語に訳すことは難しく、ただの暗唱になってしまうことがあります。それでは、ほかのパターンの英語を話したいときにスムーズに出てくるようなトレーニングにはなりにくいのです。

英語の語彙をコツコツ覚えているのに英語がスムーズに口から出てこないおもな原因は、ほぼ文法にあると感じます。否定疑問文では語順がどうなるかや、冠詞や名詞の単数複数をどうするかなどを考え込んでしまいます。

その部分に絞って徹底的に練習することで、**「英語回路」が作られる**のだと思います。このメソッドは、ともすればテキストに載っている例文を丸覚えしてしまうことになるのでは、と懸念をもたれるかもしれませんが、不思議とそうはならないんです。

僕自身このテキストを3周ほど繰り返したあたりで、オンライン英会話で初めての話題、初めて使うフレーズであっても以前よりスムーズに英語が口から出てくることを明確に感じました。

瞬間英作文のトレーニングでベースを作った後には、オンライン英会話学習の効果が加速していきます。ぜひ試してみてください。

この項目のまとめ

- 英会話で決まったフレーズしかいえない原因は、ほぼ文法！
- 中学英語で作った短文を、日本語から英語に訳して声に出す「瞬間英作文トレーニング」が効果的。

ONLINE
13

オンライン英会話は、レッスン外の学習も必要！

ジムに毎週通ってるのに全然やせないのよねぇ～
ジムだけじゃなくて食事制限とかしてる？
…してません…
オンライン英会話ずっと続けてるのに全然上達しないんだよなァ
授業だけじゃなくて自習してる？
単語覚えたり
リスニングしたり…
……してません
Comic

オンライン英会話は、その名のとおり英会話のレッスンです。僕は最初「オンライン英会話で週に何回も英会話をしていたら、そりゃあもうペラペラになっちゃうよ！」とウキウキしていました。

僕がオンライン英会話をはじめた数年前に比べて、認知度の高まった現在はより一層「オンライン英会話さえやればうまくいく」と思う人が増えているように感じます。

しかし、実際はそうではありませんでした。**オンライン英会話のレッスンだけで全てをまかなうことは難しい**のです（できないことはないのですが、効率が悪く、倍以上時間がかかることでしょう）。

そこで**大事なのが、レッスン外の自習**です。

レッスン外の自習が不可欠な理由は、3つあります。

①オンライン英会話のレッスンは英語でおこなわれることが多いので、**リスニングスキルを高めないと先生から教わることができない**。

②**語彙や文法といった知識が不足**していると、レッスンの回数ばかり増やしても同じ内容の繰り返しになり、レベルアップ、**充実度の向上につながりにくい**。

③**予習復習**（詳しくは、83・88ページで）をしないでレッスンを受けっぱなしにすると、**新しい表現を増やしたり、レッスン外で実際に使えるよう定着させることは難しい。**

「オンライン英会話以外の勉強も必要なんて大変！　もっと気軽に、簡単に、英語ができるようになると思っていたのに……」という声が聞こえてきそうです。

しかし、そう思えたあなたはラッキーです。なぜなら、それを知った上でオンライン英会話をはじめると挫折しにくく、さらにその学習はとても楽しいことだからです。

想像してほしいのですが、通学型の英会話スクールも、海外留学も、それらの授業を受けただけであとは何もしないという学習方法では、英語を話せるようにはなりません。

オンライン英会話も、その点は同じ。違うのは、国内や海外のスクールに行かなくても、家やオフィスやカフェなど場所を選ばず、早朝でも深夜でも時間の制限なく受講でき、費用も格段に安いということ。これらのおかげで**余った時間や費用を、自習に回す**ことができます。

自習では、単語やフレーズを覚えたり、文法知識をおさらいして英作文をしたり、リスニング素材でトレーニングしたり、英語の読解を勉強して速く読む練習をしたり、発音の練習をしてひとり言のように英語を話してそれを録音してみたりといった、**インプット学習およびセルフトレーニング全般をおこないます**。僕自身も、コツコツ取り組みました。

自習の結果として、オンライン英会話の先生とより深いコミュニケーションが取れるようになり、より高いレベルで英語を教わることができます。

それを実感した瞬間から、自習は楽しいものになります。

ぜひ「オンライン英会話＋自習」でワンセットだと捉えるようにしましょう。

この項目のまとめ

- レッスンだけでなく、自習が必要！
- 自習により、レッスンで学べるレベルが高まる！

ONLINE
14

先生に、英語できちんとお礼をいえるようになろう

落ちこむことがあった
疲れてますか? それとも具合が悪い?
先生やさしいなァ…
ホロリ
先生、いつもこんなボクを気付かってくださって本当にありがとうございます。落ちこむこともあるけれどくじけず英会話を続けていけてるのもすべて先生のおかげです。本当に本当にありがとうございます…!!
──って本当はいいたい
さ…さんきゅー

英語学習のメインの手段としてオンライン英会話を選び、失敗も経験しながら楽しく続けることができました。もともと三日坊主で英語に興味も必要性も感じていなかった僕が、なぜそんなに継続できたのかと考えてみたところ、あることが思い当たりました。

それは、**先生たちのやさしさに触れた**ことです。

例えば、レッスン中に僕の表情が優れなかったり、咳《せき》をしていたりすると

"Are you tired? Are you sick?"（疲れていますか？　体調が悪いのですか？）

と声をかけてくれます。

日本に災害などがあったときは

"Katsuya-san, are you OK?"（カツヤさん、大丈夫ですか？）

とメッセージを送ってくれたこともありました。

僕はそんな、彼らのやさしさに感動しました。しかし当時、"Thank you!" としかいえなかったので、いつかもっと英会話を上達させてしっかりお礼を伝えたいと思ったんです。

「あのとき僕はこんな状態だったんですけど、あなたがこういってくれたおかげで、

こう変わりました、ありがとうございます。そして、あのとき全然英語が話せなかったけれど、あなたが辛抱強く教えてくれたおかげで、仕事で英語が使えるようになりました。あなたに感謝を伝えたいと思って、がんばることができました。全部あなたのおかげです。ありがとうございます！」

いつかこんなふうに伝えられたらいいな……。よし、がんばろう！　と決めました。

英会話上達の方法として昔からよくいわれることのひとつに「外国人の友達や恋人を作れば、英語はすぐ話せるようになる」というものがあります。ですが実際には、そんなに簡単にはいきません。僕のようにシャイな人間にとって、それは英語の試験勉強以上にハードルの高いことです。

オンライン英会話は、相手が英語を教えてくれる先生でありながら、友達のように、お互いのことを心配したり、よいことがあれば共に喜び、よくないことがあれば励まし合って……という関係が作れるちょっと不思議な学習方法です。

彼らが明るく前向きでホスピタリティがあるのは、（オンライン英会話の先生の主流である）フィリピン人の国民性なのかもしれません。また、僕のように英語が苦手な日本人にやさしいのは、彼らもアジアで第二言語として英語を身につけたという共通点があるためかもしれません。

先生のやさしさに触れるポイントは、自分から積極的にやさしさをアウトプットすることです。思っているだけではなくて、言葉に出すのです。

先生の声が枯れていたりレッスンを朝から晩まで入れていたら、

"Are you OK? Please take a rest."（大丈夫ですか？ 休みを取ってくださいね。）

と声をかける。レッスン後に

"Thank you for your fruitful lesson. I can't wait for your next one!"（有意義なレッスンをありがとうございます。次回のレッスンが待ち切れません！）

とチャットでメッセージを送るなどしてみましょう。

先生とよい関係を築くことは、レッスンを楽しくするだけでなく、じつは英会話の**レッスンの効果、上達の度合にも大きく影響**してきます。よい教材やカリキュラムを活用するにしても、それを使って有効なものにできるかは、先生、そして生徒次第なのです。

先生との関係がギクシャクしていたり、お互いに不信感をもってしまったり、どちらかの体調が悪そうでも無関心であったりすると、たとえどれだけ先生の英語教育のスキルや生徒のモチベーションが高くても、うまくいかないものです。

だからこそ、自分から積極的にやさしさを伝え、先生のやさしさに触れ、よい関係を作るように動きましょう。

この項目のまとめ

- オンライン英会話は、自宅や出先で学習しながら先生のやさしさに触れて、強いモチベーションが得られる不思議な学習方法！
- 先生とよい関係を作ると、レッスンの効果もアップする！

予習をしたら、うまくいった！

あるときふと、レッスンがはじまってからいきなり英語を話そうとしても英語が口からうまく出てこなかったり、そもそもどんなテーマについて話そうかとか、どの教材を使おうかと考えるだけで時間が過ぎたり、会話教材や記事教材に出てくる単語の意味を「英語で」教わるだけでレッスンの半分以上を費やしたりと、「レッスンについていくだけで精いっぱい」になっていることに気づきました。

まわりから見れば、25分間英語だけで会話をし、英文の教材を読んだりもしているので、十分英語の勉強をしていると映ったかもしれません。

ですが僕は内心、このままでは上達しないのでは……という気がしてきました。

そこで、**予習をはじめてみる**ことにしました。

といってもたいしたことではなく、時間にして10分程度でもできることを、通勤電車や、帰宅後レッスンがはじまる前までの時間に予習するという方法です。

予習としてやっていたことは、3種類あります。

---

①レッスンで話すテーマの準備

手順

「今日起きたこの出来事について話してみよう」と、簡単なテーマを考える。

←

使いたい単語の意味を調べる。

←

それを元に、英文を作る。

←

声に出してみる。

得られた効果

レッスンがはじまってすぐに話したいテーマについてを話しはじめることができるため、レッスン時間が無駄にならなくなった。

②レッスン直前の声出し

手順

70ページの『どんどん話すための瞬間英作文トレーニング』で、英語を口に出す。または、自分の気に入った英文を音読して、英語を口に出す。僕の場合は、ニュース記事やTOEICの問題集、スティーブ・ジョブズ氏のスピーチなどを使用。

得られた効果

直前の声出しにより、レッスン開始直後から全開モードで英語が話しやすくなった。スポーツのウォーミングアップと同様の効果が。

③教材の予習

手順

レッスンで使いたい教材を事前に選ぶ。

↓

教材に出てくる英語を読む（できれば声に出して）。

↓

わからない英単語や文法、発音は、事前に調べておく。

得られた効果

レッスンがはじまってからどの教材を使うか迷う時間、知らない英単語や文法や発音を英語で教わる時間を短縮できた。その分、レッスン中は対話の練習や、そこから発展した新たな英語表現を学ぶこと、先生からのフィードバックをもらうことなどに時間を使えるようになった。

毎回予習をするというわけにはいきませんでしたが、これらが、間違いなくレッスンの効率と効果のアップをもたらしてくれました。

この項目のまとめ

●予習をすると、レッスンの時間を無駄にせず、有効に活用できる！

●10分程度でも効果あり！　通勤時間やレッスンの直前にやってみよう。

URESHINO
のオススメ
予習法
①フリートークで話すテーマの準備
フェスってFesでいいのか？
NEWS
ヴィジュアル系バンドフェス開催！
②直前の声出し
Is that an interesting book?
どんどん話すための瞬間英作文
③教材の予習
天気の下に感じる？
何じゃそりゃ
教材
I'm feeling a little under the weather
毎回でなくても効果ありますヨ

ONLINE 16

復習をしたら、うまくいった！

予習と同様に、**復習の必要性**にも気づきはじめました。

きっかけは、オンライン英会話のレッスンが終わり「新しいフレーズもいくつか教わったし、勉強になった！」と満足していても、次の日になると見事に忘れてしまい、思うように身についている感覚を得られなかったことです。

また、週に何人もの先生とレッスンをしていると、どの先生とどんな会話をしたのか混乱してしまい、2度目の先生なのに初めてのように接してしまったこともありました。相手にも失礼な話ですよね。

オンライン英会話のレッスンの中では、予想外の質問をされたり、会話が発展したり、先生の話す言葉に聴き取れない単語や知らない単語があったりと、さまざまな学びがあります。

レッスンを受けっぱなしにすると、それらの情報が自分の中で処理できないままになり、こぼれ落ちていってしまうんです。それを防ぐのに有効なのが、復習です。といっても予習と同様、10分程度で十分効果はあります。ポイントは、**レッスンが終わった直後に復習する**こと。理由は、例えば夜のレッスンの復習を翌朝しようとすると、レッスンの内容を思い出すところからはじめないといけないので、余分に時間がかかること、そしてその時点ですでに忘れていることがいくつかあるためです。また、そのときに感じた「この単語は覚えたいな」「うまく英語が話せなくて悔しかったな」という気持ちがホットなうちに復習することが、学んだ内容の定着に有効です。

次に復習の方法について。僕が実際におこなって効果的だったのは次の2種類です。

手順

①レッスンで学んだ表現を、声に出す

その日のレッスンでいいたくてもうまくいえなかった表現、教わった表現、教材に載っていて新しく知った表現を、調べる。

↓

意味や発音を理解し、スムーズにいえるようになるまで、繰り返し声に出す。

得られた効果

以前出てきた表現なのに使えず、後になって「あ！　これ知ってたのに」と思うことが多かったが、復習した表現は、それ以降のレッスンで使えるようになった。声に出すというアウトプットの行為が、知識を体に入り込ませてくれる。

②レッスンで話したこと、どんなレッスンを受けたかを、簡単にメモ

手順

レッスンで話題にしたことや、自己紹介で知った先生の趣味や仕事のこと、どんな教材を使ってどんなことを学んだかなどを、メモする。

↓

先生がチャットで英語表現やフィードバックを送ってくれたら、それもコピー&ペースト。

※初めは日本語で書いていく。慣れてきたら英語で書く。簡単にキーワードを残すだけでも効果あり。例えば“We talked about X JAPAN.”(X JAPANについて話しました。)などでもOK。時間をかけず、走り書きでOK。

得られた効果

レッスン内容の定着度がアップ。どんな内容だったかを振り返ることでもう一度レッスンをおさらいすることになり、書くことは前述の声出しと同じくアウトプットの行為で、やはり記憶に残りやすい。また、同じ先生のレッスンを次に受けるときに、「前回、音楽について話しましたね、あなたが好きといっていたフィリピンのミュージシャンは、最近どんな活動をしていますか?」などと尋ねたりすることで、よりよい関係が築け、レッスンの効果がアップ。

URESHINO
のオススメ
復習法
①レッスンで学んだ表現を声に出す
emphasize
empathize
これうまくいえなかったんだよな…
emphasize
強調する
empathize
共感する
②メモをとる
9/5（日）
Anna（アンナ）先生
来週はEnglish week
あなたはintelligentでfriendlyだから…
おわった!!
メモ!!
メモ!!
ハイハイ
ポイントはレッスンが終わってすぐやること！

この項目のまとめ

- アウトプットを伴った復習で、レッスン内容を忘れないようにする！
- うまくいえなかった、新しく知った表現を声に出しておく。
- 今回どんなレッスンをしたかをメモしておくと、記憶も定着し、先生との関係もよりよくなる！

ONLINE 17

ニュース記事の「音読」は、緊張するけど効果あり！

オンライン英会話には、ニュース記事を音読して、その内容についてディスカッションするレッスンがあります。このレッスンは、英会話をはじめて間もない人にとってはなかなかハードルの高いものです。

なぜなら、

- 先生に自分の英語を聴かれるので緊張する。
- 発音や抑揚などをチェックされるので、意識しなければならない。
- ニュース記事はある程度ボリュームもあり、内容も難しい。
- 音読の後に理解度をチェックする質問があるので、意味を理解しなくてはならない。
- さらにその後のディスカッションで、自分の意見を英語でいわなければならない。

と、1レッスンで、たくさんのスキルが求められるためです。

一方で、だからこそ1粒で何度もおいしい、とても効果的なレッスンだといえます。25分のレッスンで、**語彙、読解、発音、リスニング**（先生の質問や意見を聴き取る）、**スピーキング**（意見を述べる）が**一度に鍛えられます**。これは、スポーツで高い負荷をかけてトレーニングをすると、より高い効果が得られるのに似ています。

最初は、音読で発音に気を取られて文章の内容が理解できなかったり、その逆もあったりと、うまくいかないこともあると思いますが、それが普通です。

ニュース記事を使い、基本パターンのレッスンを25分間で満足いくよう終えるには、じつはある程度高い英語スキルが必要です（僕の経験では、TOEIC700点前後だと、難しい）。

そのためこれから英会話をはじめる人は、簡単な文章からはじめるか、**レベルを抑えた教材**を使うか、または難しめの教材の1回分を、レッスン数回に分けて終わらせるか、というやり方をオススメします。

いずれの場合も、英会話に慣れないうちは予習をするようにしましょう。記事をあらかじめ音読したり、わからない単語や発音を調べておきます。それらを少しでも実践することで、レッスンの時間がより有効なものになります。

ニュース記事を使ったレッスンで、もうひとつよいことは、興味のある内容にも、興味のない内容にも、両方触れられることです。

ＴＯＥＩＣのリーディングパートでも、ＰＡＲＴ７の記事の問題が苦手という人は多いです。とくに自分に興味のない内容だと、全然意味が頭に入ってこないということがよく起きます。

その対策として、僕が実際にやって効果的だったと感じるのが、このオンライン英会話での**ニュース記事の音読**。もうひとつはスマホやパソコンを使ったＢＢＣなどの**英字新聞のリーディング**です。ＴＯＥＩＣの記事問題の苦手意識をなくしたかった僕は、ＢＢＣを読むときにも、あえて興味のない、苦手なテーマの記事を選んで読んでいました。

とはいえ、興味のない記事ばかり読むのもつらいので、興味のある記事も読みました。このあたりは、バランスが大事だと思います。

記事の音読がスムーズにできて、ディスカッションでもその場で考えて何かしら意見を返せるようになると、この方法はとてもおもしろくなってきます。ハードルが高いと敬遠するのはもったいない！　段階を踏んで、ぜひチャレンジしてみましょう。

この項目のまとめ

●ニュース記事の音読は、さまざまなスキルの向上につながる1粒で何度もおいしいレッスン！

●高い負荷をかけたトレーニングなので、効果バツグン！

Column 3 子供用ニュース原稿を活用！

93ページでお伝えした「ニュース記事の音読とディスカッション」。とても勉強になるオススメの方法なのですが、初心者にはなかなか大変でもあります。

僕も、スクールで用意されている記事教材が難しいと感じてしまい、英単語の発音や意味、英文を読むときにどこで区切ればいいのかもわかりませんでした。

そこで先生が用意してくれたのが、子供用の大きな文字で書かれた、文章量も少ないウェブページ。さすがにそれを見たときは「マジか！」とへこみましたが、実際に使ってみると、オンライン英会話をはじめて3〜4カ月の僕にはちょうどいいものでした。

以下に、比較的読みやすい子供用のニュース記事のサイトをご紹介します。ぜひ参考にしてみてください。

『TIME FOR KIDS』
http://www.timeforkids.com/

『TIME』誌の子供用で、米国の約30%の学校で使用されている雑誌の、ウェブ版。
世界のニュースや話題のトピックが、わかりやすい英語で表現されている。

『KidsPost - The Washington Post』
https://www.washingtonpost.com/lifestyle/kidspost/

米国『The Washington Post』の、子供向けウェブページ。
歴史やアクティビティに関する記事のほか、クイズなどのコーナーも。

『Science News for Students | News and feature articles from all fields of science』
https://www.sciencenewsforstudents.org/

子供向けの科学系ニュース記事。
テクノロジー、惑星、動物などのテーマ、大きな文字のタイトル、美しい写真で、読みやすい。

STAGE 3

How to make the best use of the
online English lesson from scratch

5〜6カ月

【英語レベル】

リーディング	★★
リスニング	★★★
スピーキング	★★★
ライティング	★
伸び悩み	★★★★★

?
Is my English improving?

ONLINE 18

フリートークを有意義なレッスンにする方法

オンライン英会話のレッスンの方法のひとつに、フリートーク、つまり**教材を使わずに先生と自由に会話**をする、というものがあります（ちなみに「フリートーク」は和製英語なので、英語で話すときは、「free conversation」を使いましょう）。

この方法は、とにかく楽しいんです。肩肘を張らず、最近あったことや趣味などを話題に盛り上がりながら、英語の勉強にもなるので僕もよくやっていました。

ところがレッスン後に「楽しかったけど、ただの雑談だけで終わってしまったのでは？　自分の望む英会話スキルは身についたのかな？」と思うようになりました。

当時日本で人気のあったアイドルの話や、ニュースになった出来事、日本の天気について25分ずっと話したこともありました。それらは、決して無駄にはなりません。ですがオンライン英会話は「レッスン」なので、きちんと**目標に向かって進んでいかないと時間もお金ももったいない**ですよね。

フリートークより教材を使ったレッスンの方が効果的だという考えも見聞きするようになり、「やっぱりそうなのかなぁ、でも教材をひとつひとつやる気も起きないし、時間もかかるし……」と、迷ったりもしていました。

そんな中、ある工夫をしたらフリートークで楽しみながらも、きちんと自分の求める英会話スキルに向けたレッスンができることに気づいたのでした。それは、**「自分の身につけたい英語のフレーズが出てくる話題で、フリートークをする！」**ということです。

例えば、仕事で英語を使いたいのであれば、仕事の話題、それも自分の業界や職種、実務といった、より深い専門的な話題を、あえて選びます（くれぐれもコンプライアンスには気をつけて、仕事上の機密情報は話さないようにしましょう）。

また例えば、海外旅行を通訳なしで楽しめるようになりたいなら、海外でどんなお店に行き、どんなところを巡って、どんなホテルに泊まって、と想像を膨らませながら自由に会話をし、滞在期間中に必要な手続きや使うであろうフレーズを、先生からも引き出すのです。

「たったそれだけ？」と思うかもしれませんが、これが効果てき面なのです。レッスン後に「雑談だけで終わってしまった」と感じるのは、大抵の場合、自分が現実の世界ではまずしないであろう話題、使わないであろうフレーズを使って予想外の方向に盛り上がってしまい、なおかつそれらが有益だとは思えなかったときです。テーマとフレーズを意識してフリートークをするだけで、その大部分が回避できるのです。

そのための方法も簡単です。レッスンの最初、"How are you?"と聞かれた後に自分の目的、目標とする話題だけについて話します。

例えば、来月に迫った海外出張をレッスンの目標にしているのであれば

"I'm supposed to go on a business trip overseas next month."（来月、海外出張に行くことになっているんです。）

というわけです。

そのときどきの目的、目標に沿ったフリートークを心がけ、自分にぴったりのレッスンを作ってきましょう。

この項目のまとめ

- フリートークは楽しいのでオススメ。
- 自分の目標、目的に沿ったテーマとフレーズを使うようにするといい！

ONLINE 19

成長を感じられない日々が続いたら……

オンライン英会話をはじめて、半年ほど経った頃のことです。

それまでは回を重ねるごとに着実に成長している実感があったのに、あまり伸びないというか、むしろレベルが下がったのではないかと思うような日も出てきました。

サボっていたわけではなく、それまでと同じように勉強、練習していたにもかかわらず、です。

また、オンライン英会話をはじめて以来、毎回楽しくレッスンを受けていたのに、同じことを繰り返しているだけのような、新鮮味が薄れてきたような、そんな気がしていました。

「マンネリ？」「伸び悩み？」「いや、もう伸びないのかも？」「やっぱり、30代後半からの英会話は無理だったのか?」……そんなことを考えながら、暗い顔をして悶々とした日々を過ごしていました。

オンライン英会話のレッスンを続けていくと、こんな時期がきっと訪れます。でも安心してください。全く心配はいりません。理由は、ふたつあります。

ひとつは、これは**誰にでも起こること**だからです。

当時僕は、書籍やインターネットで、いくつかの英語学習情報をチェックしていくうちに、英語学習にかけた時間と成長の相関は、必ずしもキレイな直線や曲線を描いて順調に伸びていくものではなく、ときに停滞したり、ときに後退したように見えながら、あるときを越えるとまた一気に上る、というように**階段状に伸びていく**ものだと知りました。そのおかげで僕は、「このまま続けば、どこかで次の段に上れるんだ!」と、一気にポジティブになって再びレッスンに励み、その後また効果を実感できるようになりました。

つまり、なかなか成長していないように思えても、落ち込む必要はないのです。「そんなもんですよ!」ということです。

もうひとつの理由は、**「この状態は解決できるもの」**だからです。学習を続けても、スキルが伸びる実感、英語が身についていく実感、そして何より自分自身が楽しめている実感が得られないようであれば、**学習方法自体の見直し**をしましょう。

最も大事なのは、自分自身の主観です。いろいろな人からアドバイスをもらったり、情報を収集した上で、最終的に学習方法を変えるのか、もうしばらく続けるのかは、自分で判断するしかありません。その方法がしっくりきているのか。これがわかるのは、本人だけです。

また、マンネリを打破するためには、**何かひとつテーマをもってレッスンに臨む**のがオススメです。

例えば、いつもは使わないフレーズを用意して、多少無理な流れであっても必ず使うとか、形容詞や副詞をいつもよりひとつ多く入れてみるとか、使ったことのない教材を使ってみるとか、とにかくたくさん笑ったり先生を笑わせようとか。

工夫次第で、レッスンがまたおもしろいものになりますよ。

この項目のまとめ

- レッスンで成長の鈍化やマンネリを感じるのは、誰しも経験すること。
- 成長の鈍化が止まらなければ学習法の見直しを。マンネリはひとつテーマをもって取り組むことで解決できる！

ONLINE 20

英語が話せるようになるしくみ

僕は、今まで英語を話せるようになるしくみについて、深く考えたことなどありませんでした。オンライン英会話をはじめてからも、「とにかくたくさん話せば、英語が話せるようになるはず！」と、レッスンに励んでいました。よく、子供は日本語でも英語でも、大人が話しているのを聞いて自然に話せるようになるといわれますよね。大人も、吸収力は劣るかもしれないものの、基本的にはそれと同じだろうな、と思っていたんです。

ところが**レッスンを受けただけでは、期待したほど話せるようになりません**でした。期待したレベルというのは「自分が考えたことを、ほぼ間を空けずに言葉に発することができて、文法も発音も多少間違えても大体は正しいといえるぐらい」でしょうか。

前述の、レッスンの予習復習をしたり、瞬間英作文のトレーニングをすることで、前に出てきた話題、フレーズや、そこから少しだけ変化したような文であれば、だんだんとスムーズに話せるようにはなってきました。ただ、感覚的には覚えたことを口に出しているだけのような気がして、即興で何か話そうとすると、英語が口から出てこない状態でした。

そんなある日、自分の子供を観察していて気づいたことがあります。子供は1歳ぐらいまでは、親の言葉を聞きながらも「あー」とか「ばぶー」、「まま」ぐらいしかいわないいんですね。親も、大人の言葉は子供には伝わっていないだろうと思いながら、「ばぶー」と話しかけるわけです。

それが2歳ぐらいになると、突然単語を理解したかと思えば、言葉の言い換えや正しい文法、大人が使う難しい言い回しなど、次々応用を効かせて話すようになります。ただ大人の真似をしているわけではなく、きちんと意味やタイミングをわかった上で使っている様子です。

これに驚きつつ、大人が英語を話せるようになるしくみも同じことなのか？　と思ったのです。子供はきっと、最初の1年ぐらいの間にひたすら大量のインプットを蓄えてベースを作った上で、次に親からインプットしたものを真似してアウトプットする段階へ。このときには、すでに応用するための力が備わっているようです。そしてさらにその次が、自分で応用して使う段階。

これを大人の英語学習に置き換えると、

①大量のインプット学習で、フレーズのストック（語彙の記憶、発音）と応用のベース（文法、リスニング、読解）を蓄える。

②講師の言葉を、真似して口に出す。

③応用して、自分が思いついた言葉で英語を話す。

となります。

つまり最初はとにかく、英語表現を大量に仕入れることに注力して、英語を話すときに**丸暗記したフレーズしかいえなくても、気にする必要はない**のです。

その段階を経て、初めて形容詞や副詞を付け加えたり、人が主語の能動態の文を無生物主語の受動態にしたり、ふたつの文を接続詞でひとつにつなげたり、過去形と現在完了形の違いを出してみたりと応用して、丸暗記ではなく自分がより伝えたい気持ちゃ状況を話せるようになっていきます。

もう一点。日本語でも、自分が詳しく知らないことや、今まで考えたことのなかった事柄について意見を求められれば、「うーん」と考え込んでしまいますよね。英語でも、同じです。英語がうまく話せないとき、じつは英語スキル以外の部分が原因になっていたりすることも多いのです。

この点を解決するためには、普段から、独り言やレッスンで、さまざまな場面やテーマを想定し、それについて自分がどういう考えをもっているのか、事実をどのように解説するのか、といったことを考えておくのが効果的です。最初は日本語で考えてから辞書で調べて英語に直す、慣れてきたらまず思いつく英語から英文を作りはじめて後で修正を加える、という方法がオススメです。

僕自身、英会話をはじめた当初は、いきなり③にいけると思っていたのですが、実際にはこの①②③のステップをたどってきています。焦らず、しっかり着実に進んでいきましょう。

この項目のまとめ

- 大量に話したり、その都度真似をするだけで、英語がスラスラ話せるようになるわけではない！
- 大量のインプット→見聞きしたものをそのままアウトプット→応用して自分の英語、というステップをたどる！　最初は丸暗記の英会話でもOK。

ONLINE 21

発音は、レッスンでこそうまくなる

大人になってから英会話をはじめた場合はとくに、英語の発音に自信がもてない人が多いものです。僕も同じです。発音について考えたり練習したりする余裕のないままレッスンを受けていた、というのが正直なところです。

「この歳からでは、ネイティブ並みの発音を身につけるのは無理だし、今は非ネイティブ（英語を母国語としない人たち）の時代だから、発音は気にしなくてもいいのでは」とも思っていました。現に、世界には英語を話す人が約17・5億人いて、そのうち約13・6億人が非ネイティブスピーカーだといわれています。じつに、約78％です。それぞれのお国訛《なま》りの発音で、堂々とビジネスや生活で英語を話しているんです。

では、日本人はいわゆるカタカナ発音でガンガン押し通せばよいのでしょうか？

僕が仕事などで経験して感じるのは、たとえネイティブ並みにはなれなくても、なるべく**クリアな正しい発音に近い英語を口から出せるように、練習した方がよい**ということです。

その理由は、完全なカタカナ発音だと（thinkをシンクなど）、文脈からどの単語を使っているのかが推測できるにしても、相手に「このことをいっているのかな？」と考えるストレスを与えてしまう可能性があるためです。かっこよく、ネイティブっぽく発音するという「自分のため」ではなく、**伝わりやすく話して早く理解してもらうという「相手のため」に、発音の練習をした方がいい**と思うのです。

とはいえ当時は何から手をつければいいのかわかりませんでした。そんな、ある日のこと。オンライン英会話のレッスンで、またひとつ発見がありました。

僕が、"I would like to."（〜したいと思います）のwouldや、wood（森）を、「ウッドゥ」と発見していたところ、先生に、"No no, would."と訂正されたんです。

僕は耳でよく聴いたつもりでしたが、「ウッ」"No, w."と、繰り返しているうちに、先生がウェブカメラで唇で丸く輪っかを作る様子を見せてくれたのです。そこで初めて"Oh! w!"と、正しい発音に気づくことができました。

発音は音ですが、耳で聴いただけでは、それを再現するのはなかなか難しいものです。それがウェブカメラで口の開き方や舌の位置など、音を作り出す形のお手本を見せてもらい、自分でも再現して先生に見てもらうことで、一気に理解度が高まりました。自宅や出先でリアルタイムに個別指導してくれる、こんな優れた発音教材はほかになかなかありませんよね。

僕自身、発音を意識してレッスンに臨む日には、先生に発音を褒めてもらえることもあったんです。でも、気を抜いたり疲れているときには、一気にクオリティが下がり、先生からも「発音をもっと練習しましょう」と注意されて、その落差にへこんだりもしました。

いきなり、いつでも自然でクリアな発音で話すレベルにはなれないので、まずは最小単位の**「音素で練習」→「単語で練習」→「文章で練習」→「オンライン英会話で先生と会話をしながら練習」**と、ステップを踏んでいきましょう。

最初は力んでしまい、不自然に感じるかもしれませんが、日本語にない発音を作り出すので、それが普通だと思います。繰り返すうちに、徐々に力も抜けてきます。

これらのトレーニングを、レッスン外の自習や、オンライン英会話のレッスンで楽しみながら集中的におこなってみてください。発音が明らかにクリアになって相手にも通じやすくなり、自信がもてるようになりますよ。

この項目のまとめ

- 発音の練習は、「自分のため」ではなく、「相手のため」。
- 先生に、ウェブカメラを使って口の形や舌の位置を教わると、発音が理解しやすい！
- 音素→単語→文章→会話と、ステップを踏んで練習する。

ONLINE 22

リスニングスキルを高めための講師検索のコツ

オンライン英会話は、英語を話すアウトプットのトレーニングに最適。その一方で、レッスンでは先生の英語を聴き、教材や記事の英文を読むので**インプット学習にも活用できる**のです。リスニングにおいては、録音された英語ではなく、今まさに発せられた生の英語を対話という緊張感の中で聴くわけですから、とても鍛えられます。僕自身、オンライン英会話での学習期間中に何度か受けたTOEICのスコアはアップしていきました。とくにリスニングパートの改善は、オンライン英会話の先生のおかげだと感じています。

ここで、リスニングスキルを上げるための講師検索の仕方についてご紹介します。

英会話にまだ慣れない最初の頃は、なるべくゆっくり話してくれる人がいいのですが、レベルアップしたい時期には、以下のポイントで先生を探してみましょう。

①早口で話す。
②自分が聴き取りたいと思う英語の発音に近い。
③自分が聴き取りたいと思う英語に近いフレーズ、文の構造を使う。

これらをオンライン英会話の講師検索画面で先生が英語で話す音声を聴いて、チェックします。

もしレッスン中ゆっくり話す先生の場合は、

"Please speak at natural speed because I would like to train my listening skills."

（リスニングスキルを鍛えたいので、自然なスピードで話してください。）

と伝えて、あえて早口で話してもらいましょう。

リスニングスキルを高めるレッスンにするためにもうひとつ大切なことは、聴き取れなかった箇所をそのままにしないことです。先生に、いくら早口で自分の望む発音で英語を話してもらっても、わからないままでは聴き取れません。

そこで、聴き取れない箇所では一旦会話を止めて、もう一度いってもらいます。

"Would you say the word beginning with ○○ again? I couldn't catch it."

（○○からはじまるその単語を、もう一度いっていただけますか？　聴き取れませんでした。）

などと伝えましょう。それでもわからなければ

"Would you say the word beginning with ○○ more slowly? I couldn't catch it."

（○○からはじまるその単語を、もっとゆっくりいっていただけますか？　聴き取れませんでした。）

と伝え、ゆっくりいい直してもらいます。それでもわからなければ、チャットボックスに書いてもらいましょう。

"Would you type the word beginning with ○○ in the chat box? I couldn't catch it."

（○○からはじまるその単語を、チャットボックスにタイピングしていただけますか？　聴き取れませんでした。）

で、ＯＫです。

お気づきでしょうか？

オンライン英会話はこのように、自分の聴き取れなかった英語に絞ってリピートしたり、速度を自由に調節したり、書いてもらったり、さらには発音の仕方を教わるなど、**最高のリスニング教材として使うことができる**のです。

わからないところをわからないままにせず、**音と文字とを結びつけ、自分でも発音する**。そうやってストックを蓄えていくことで、リスニングスキルが上がります。しかも、それらの多くはレッスンで実際に話す中で出てきた言葉ですから、とても実用的なトレーニングになります。

URESHINO
オススメテクニック
どうしても
聴き取れなかったら？
①もう一度いってもらう
Would you say the word beginning with ○○ again ? I couldn't catch it.
OK
②ゆっくりいい直してもらう
Would you say the word beginning with ○○ more slowly? I couldn't catch it.
OK
③チャットボックスに書いてもらう
Would you type the word beginning with ○○ in the chatbox ? I couldn't catch it.
OK
先生はなれてるからどんどん聞こう！

この項目のまとめ

- リスニングスキルを高めるために、早口の先生や、自分が望む発音に近い先生のレッスンを取る。
- 聴き取れない箇所をそのままにしない。
- 会話の中で出てきた英語の音と文字を結びつけ、自分でも発音！

ONLINE 23

主導権を握り、レッスン提案を自分からする

英会話を習うのが初めてだった僕は、レッスンというものは学校と同じように先生が教えてくれるもの、先生がリードしてくれるものだと思い込んでいました。基本的な流れは先生に任せて、質問があれば聞くというスタイルです。

ところがこのスタンスだと、レッスンが終わった後に、「あー、本当は今日こっちの教材を使いたかったんだけどな……」「発音の練習がしたかったんだけどな……」と、ちょっと残念に感じるときがあったんです。

もちろん、先生にリードしてもらうことも、自分が予想していなかった学びを得られたり、偏りを減らし順序立てて幅広く学べるなど、よい部分はあります。

僕の場合は、「英語を仕事で使えるようになる」という目標があるものの、英語がもともと大好きなわけではなかったので、できるだけ**効率よく焦点を絞ってレッスンに臨みたい**と思っていました。

とはいえ、「せっかく先生が進行してくれているのに、さえぎるようで失礼かな？　そもそも、自由にレッスンの提案なんてしていいものかどうかもわからないし……」と、ためらいもしました。押しの強い先生に当たった日は、なおさらです。

そんなある日。先生がやさしく、

"What kind of lesson would you like to do today?"（今日はどんなレッスンがしたいですか？）

と聞いてくれたのです。そこで思いきって、

"I would like to practice English pronunciation, especially, L and R."（英語の発音練習がしたいです、とくにLとRを。）

と伝えました。すると、僕の心配をよそに先生の反応はとてもよく、どんどんノッてくれました。

さらに効果的だと感じたのは、**レッスンの提案をするときに、その目的も伝えること**です。例えば、前述の英文の後に、

“That is because the meeting will be held in English next week.”（来週、英語の会議が開催されるためです。）

と付け加えます。そうすれば、先生の方でもより適切なレッスンになるように工夫をしてくれます。

この経験からわかったのは、**生徒が本気を見せれば先生もより燃えてくれる**ということ。そして、オンライン英会話には優秀な先生が多いので、しっかりと自分から必要なレッスンを提案すれば、期待に添うレッスンをしてくれるということです。優秀な先生なのに、なぜ生徒から自発的にレッスンの提案をした方がいいのかと思われるかもしれません。オンライン英会話では、ずっと担任制で同じ先生に当たるというわけではないところが多く、その生徒がどんな目標をもち、どれぐらい上達しているかで、今回のレッスン内容はこれがベストだと先生に判断してもらうのは難しいのです。やりとりが英語となれば、なおさらです。だから、**主導権はあなたが握る！**

あなたのための英会話レッスンですから、遠慮せず、自分本位なぐらいがちょうどいいのです。その際、先生への尊敬と感謝の気持ちを忘れないことと、伝え方に気をつけることさえ徹底すれば、失礼にはなりません。

押しの強い先生でなかなかレッスン提案がしづらい場合には、先生の発言に一瞬間が空いた隙に **"By the way."**（ところで）と入れると便利です。それまでどんな会話がなされていても、一気に話題を変えて自分のやりたいレッスンの話にもっていけます。

あなたの英語学習のリーダーは、ほかでもないあなたです。先生を、ぐいぐい引っ張っていきましょう。

この項目のまとめ

- オンライン英会話では、先生が生徒の目標と上達度を把握した上でレッスンを進めるのは難しい！　あなた自身がリードして提案を。
- レッスンは自分本位でOK！　でも先生への感謝と尊敬は絶対忘れずに。

ONLINE 24

2度目の停滞期。改めて目標設定を整理する

オンライン英会話では、生徒が主導権を握ってレッスンをリードすることが大事だと、123ページで述べました。そのことに気づいた僕は、なるべくレッスンの提案をして、わからないところを質問したり、納得いかない発音を繰り返したりと、積極的に取り組むことを意識するようになりました。そのおかげで、レッスンが終わった後に「こんなはずではなかった」と思うことがなくなっていきました。

ところが、ここでまたひとつ、ふと疑問が浮かびました。

「自分はこの先どれぐらいの期間レッスンを受けて、どこまでのレベルにいけるのだろう?」と。

当時「仕事で英語を使えるようになる」という目標はもっていたものの、そのためにどのスキルがどれぐらい必要なのか、よくわかっていませんでした。ひと口に仕事といっても、職種、業種、英語が必要になる場面、求められる役割によって、使う英語もさまざま。自分の望むレベルが定まらないのも当然といえば当然のことです。

そこで、「仕事で英語を使えるようになる」という**目標をもう少し明確な表現に調整**した上で、「ビジョン」のような**長期目標**、それを達成するために必要なレベルをなるべく具体的に定義した**中期目標**、それに到達するための日々のアクションを**短期目標**と設定しました。さらに、それぞれに期限も付け加えました。

たとえば、次のページのように書き出してみます。

【長期目標】

● **期限**　1年後の○月○日

● **ビジョン**　仕事で英語を使えるようになる。社内の○○さんと同じレベルで英語のプレゼンができるようになる。

【中期目標】

● **期限**　4カ月後の○月○日

● **目標達成に必要なスキルとレベル**

・プレゼン資料が作成できる語彙、文法
……先生から80％以上の評価をもらう。

・聴きやすい発音、抑揚……先生から80％以上の評価をもらう。

・質問を聴き取れるリスニングスキル
……TOEICリスニング400点以上。

・メールを素早く間違いなく読むスキル
……TOEICリーディング400点以上。

【短期目標】

● **期限**　毎日または毎週セルフチェック

● **アクションとチェック**

・週4回以上レッスンを受ける。

・先生に発音チェックをしてもらい、受ける指摘を3回以内にする。

・2秒以上間を空けずに、何かしら英語を話す。

ポイントはふたつ。

まずは、**具体的に書き出す**こと。期日を入れ、なるべく数字を入れます。「この日に、こうなっていたら達成」と、自分の達成基準を決めておくのです。そうしないと、オンライン英会話をはじめて数カ月経ったときに、目標達成できたのかも、その時点の状態に満足していいのかもわかりません。

もうひとつは、**英語の4技能それぞれのスキルに分割してレベル設定をする**こと。英語は言葉なので、リーディングもリスニングもライティングもスピーキングも全部つながっていますが、身につける段階ではひとつひとつ整理して勉強やトレーニングをした方が効率もよく、身につきやすいためです。

このように具体的な目標設定をすることで、明確な道しるべができ、そこにたどり着くまでの現在地からの距離がつかめ、それにより1日でどれぐらい進めばいいのかが見えるようになります。僕自身、このような目標達成プランをもった上でオンライン英会話を受講したら、先の見えない不安も拭え、日々やるべきこともつかめるようになりました。
具体的な目標設定が、オンライン英会話を有効に活用するためのブレイクスルーになったのです。

この項目のまとめ

●具体的な目標設定がないと、オンライン英会話レッスンの先が見えないのは当然！
●期日を決めて、長期目標、中期目標、短期目標を設定しよう！

ONLINE 25

レッスンで英文法を学ぶのは無茶！

英語を使えるようになる上で欠かせないことのひとつに、**英文法**があります。

文法が理解できていないと意味のつながりがわからなくなって混乱したり、違った意味に捉えてしまったりして、英語を話すにしても聴くにしても、英語を使うどの場面でもボトルネックになり得るためです。

発音や音読、リスニングなどはトレーニングに近い側面があり、やってみると楽しいのですが、文法は英語学習の中でも一番「勉強」という感じが強く、難しいと感じるのではないでしょうか？

僕はそんな億劫《おっくう》な英文法も、オンライン英会話でなら楽しく習得できるのではないかと思いチャレンジしてみることにしました。オンライン英会話スクールには、英文法の教材もあり、会話をする中で出てきた文法の疑問も、先生に教われればレッスン時間をより有効に使えるのではないか。それに、英語で英文法を教わるなんて、なんだかかっこいい！　と、さっそく先生に提案し、英文法のレッスンをはじめました。

ところが、はじまってみると文法を教わる以前に、そもそも文法用語を英語でなんといえばいいのかがわかりません。

例えば、次のような言葉です。

- **前置詞**
  preposition
- **定冠詞**
  definite article
- **仮定法**
  subjunctive mood
- **過去分詞**
  past participle
- **時制の一致**
  sequence of tenses
- **三単現**
  （三人称、単数、現在）
  third person singular
  present form
- **現在完了進行形**
  present perfect
  progressive form

なんとかウェブ辞書で調べて先生とやりとりをしましたが、結局その日のレッスンはほとんど、文法用語を英語でなんというのかを知っただけで終わってしまいました。文法用語をメモしたり覚えたりして臨んだ次のレッスンでも、さらにその次のレッスンでも、うまくいきません。例えば、"Why is [on] used rather than [in]?"（なぜinではなくonが使われるのですか?）と質問を伝えるまではなんとかできても、それについて先生から返ってきた答えを聴き取るのもひと苦労。追加質問をするのもひと苦労。それについて返ってきた答えを……と、以下繰り返しです。

毎回「わかったような、わからないような」という感想をもちました。つまり、わかっていない、ということですね。ふと、冷静になって考えてみました。

「日本語で説明されてもよくわからなかった英文法を、英語で説明されて、わかりやすいわけがない」と……。

身も蓋《ふた》もないと思われるかも知れませんし、もっと努力すべきだといわれれば、それも一理ありますね。ですが、その方法がきちんと効果につながるのは、もっともっとレベルが上がってからだと思います。

少なくとも、僕のように英会話も初めてでリスニングにもボキャブラリーにも不安が多く、さらに時間の限られた社会人、英語が大好きではなかった人には、なかなかつらい話です。

英文法を英語で教わるための勉強に時間をかけるよりも、仕事など、自分が英語を使いたい場面に向けた対話の練習や、先生のお手本やフィードバックを吸収することに時間を費やした方が、きっといい。そう感じました。

英文法は日本語で学んでしっかり理解し、もっと英会話のレベルが上がったときに、より細かいニュアンスの違いや自然な文法の選択などについてオンライン英会話で英語で学ぶという方法が、多くの人にとってハードルも下がり効率もよいでしょう。

この項目のまとめ

●英文法を英語で学ぶのはハードルが高いし、効率もよくない！

●英文法は、日本語の教材でレッスン外に自習しよう！

Column 4 オンライン英会話便利フレーズ②
応用編 レベルアップのためのレッスン提案など

Could you speak at natural speed because I'd like to train my listening skills?
リスニングスキルを鍛えたいので、ナチュラルスピードで（速めに）話していただけますか?

Could you give me some specific feedback (in the chat box)?
具体的なフィードバックを（チャットボックスに）いただけますか?

Could you read aloud the teaching material as a role model? I'd like to imitate you.
お手本として、教材を音読していただけますか?　あなたを真似したいのです。

I'd like to have a discussion with a news article which I found on the Internet.
インターネット上で見つけたニュースを使って、ディスカッションしたいです。

I'd like to have a free conversation regarding ** industry.
**の業界に関するフリートークがしたいです。

I would like to create an English email template for my work.
仕事のための英語のメールのテンプレートを作りたいんです。

I would like you to correct my mistakes and unnatural expressions.
私の間違いや不自然な表現を、直してほしいんです。

Are there any alternative phrases or natural expressions?
代わりのフレーズや、より自然な表現はありますか?

Since I'd like to practice quick response, please prioritize speed rather than my mistakes.
即答の練習がしたいので、私の間違いよりもスピードを重視してください。

Since I'd like to enhance my English level, please point out anything you notice.
英語のレベルを高めたいので、気づいたことは何でも指摘してください。

Could you take the form of your mouth or position of your tongue by the Web camera so that I can understand pronunciation?
発音を理解できるように、あなたの口の形や舌の位置を、カメラで写していただけますか?

If you express an opinion (make a speech), how do you do it?
もしあなたが意見を述べる（スピーチをする）なら、どういいますか?

STAGE 4

How to make the best use of the online English lesson from scratch

7～8カ月

【英語レベル】

リーディング	★★★★
リスニング	★★★
スピーキング	★★★★
ライティング	★
意欲	★★★★★

How are you?
Couldn't be better!
Oh!

ONLINE 26

予習復習なしで毎日受講 VS 回数を減らし予習復習をしてから受講

オンライン英会話学習で予習と復習が大事だというのは、すでに述べたとおりです。予習復習にかける時間も、それぞれ10分ずつでも違ってきます。

しかし、予習（10分）→レッスン（25分）→復習（10分）をワンセット（計45分）おこなうのと、レッスンだけをワンセット（25分）おこなうのとでは、倍ぐらいの時間差があります。

忙しい社会人は、帰宅後45分の学習時間を取ることが難しい場合もあると思います。また、予習復習が10分ずつでは終わらないこともあるでしょうし、レッスン以外のリスニングやリーディングといったインプットの学習時間も別に必要と考えると、時間確保はなかなか大変です。

そんな状況の中で、僕は迷っていました。予習復習、レッスン外の学習が追いつかなくても、とにかく毎日できるだけレッスンで英語を話すことを優先した方がいいのか？　もしくは、自習をしっかりしてから次のレッスンに進んだ方がいいのか？　と。

実際に経験して思ったのは、英会話に慣れていないうちは、レッスンが消化不良のまま次々と話す量ばかり増やしても、期待したよりは伸びないということ。ただその一方で、予習復習を欠かさないことを優先するあまり、レッスン回数が半分になってても、それはそれで英会話のトレーニング量も不足してしまいます。

そこで、結論としては、**その時期におこなうレッスンの種類**、**理解度**、そしてあなた自身の**忙しさや疲労度**によって、予習復習とレッスン回数のうち**どちらを優先するのか（または両方優先するのか）を決める**ことをオススメします。

例えば、

・なじみのある話題のフリートーク→レッスン回数優先
・難しいニュースの音読とディスカッション→予習復習重視

・時間も取れるし疲れてもいないとき→レッスン回数も予習復習も重視

といった具合です。

このあたりは、レッスンの理解度や仕事などのスケジュールとの兼ね合いになるため、自分自身で判断する必要があります。これが絶対という正解はありません。

英語学習に取れる時間数、時間帯、場所、好みの方法、求めるスキルとレベルは、人によってさまざまです。そのため、そのほかの学習方法と組み合わせやすく、勉強する時間と場所を都合によって選べるオンライン英会話は、とてもありがたいのです。

予習も復習もレッスンも、あなたが近い未来に出会う「英語を話せるようになった素敵なあなた」を作るパーツです。

完成形を楽しみにしながら、自分に合うように自由に組み立てていきましょう。

フリートークは
レッスン回数優先
ニュースの音読やディスカッションは
予習復習重視
英単語
weblio
時間もあるし
元気いっぱいのときは…
もちろん
全部重視!!

この項目のまとめ

●レッスンの理解度が低い場合は、予習復習をしっかりすることを優先。
●レッスンの理解度が高いときは、レッスンの回数を優先。

ONLINE 27

レッスン100回を、ひとつの目安に

「オンライン英会話は、どれぐらい続けたら英語を話せるようになるのか?」

これは僕自身が抱いていた疑問でもあり、ほかの人からもよく質問されることです。

レッスンを1回2回と続けていき、おおよそ何回でこのぐらいのレベルに到達するのが一般的、という目安があると、進み具合が順調なのか遅れているのかを判断するペースメーカーにもなりますし、現在地がわからないまま暗闇の中をひとり走り続ける不安も拭えます。

オンライン英会話は比較的新しいサービスなので、なおさらそう思う方が多いようです。もちろん、伸び方や英語が話せるという基準は人によってそれぞれ違うのですが、何かしら具体的な参考値があると便利なので、僕の経験をお伝えします。

僕の経験では、レッスンを**約100回受講したあたりで、ある程度の成長を感じました**。「お、英語で結構話せてるかも！」という手応えのようなものがあり、ようやく自信がもててきた、という感じです。

具体的には、挨拶とお礼ぐらいしかいえない状態から、近況報告、自分の仕事の説明、仕事に関する意見をいう、冗談をいって笑いを取る、相手の冗談を理解して笑える、ニュース記事の音読とディスカッション、予習した上で即興ではないスピーチなどが、なんとかできるようになっていました。

僕がオンライン英会話をはじめた頃は、まだまだそれを使って英語を身につける人も少なく、個人的な感覚の域を出ませんでした。しかし、受講者のデータも増えてきた現在では、ほかの人の例を見てみても、この**「100回で効果あり」**という回数はひとつの基準になるといえます。

次に、レッスン100回にかかる期間、時間数はどれぐらいでしょうか？

オンライン英会話では、1レッスン25分のスクールが多いため、毎日受講すると約

3カ月です。僕の場合は当時週3回受講し、7カ月ぐらいでした。総時間数については、レッスンを100回受講しても2500分＝約41時間半。丸2日分にも満たないんですね。

「たったそれだけ？」と、思ったより少なく感じられたのではないでしょうか？　たったそれだけの時間数で「なんとか英語でコミュニケーションできる状態にはなる！」というオンライン英会話は、かなりすごいと思います。

まずは、100回の受講を目指して、がんばってください。きっと、変化が訪れます。また、もしも100回に到達するまでの過程で思うように成長しない状態が続くようであれば、**勉強方法や時間配分の見直しをするのも有効**です。例えば、もうすぐ50回だから、100回の時点で成果を出すにはもうちょっとリスニングの量を増やさないと、といった具合です。

そんなふうに、レッスンの回数も、それ以外のほかの学習者の数値データも、ひとつの通過点の目安として有効活用していきましょう。

この項目のまとめ

- レッスン100回で成長を実感することをペースメーカーとして、走ってみよう！
- もし著しく遅れを取るようなら、学習方法や時間配分の見直しも有効！

ONLINE
28

グループになると、うまく英語を話せない！

レッスンをはじめて半年
英語学習者オフ会のお知らせ
そろそろボクもレッスン外でどれだけ話せるのか試してみるぞ!!
オフ会にて
ペラペラ
ペラペラ
ペラペラ
ペラペラ
ペラペラ
ペラペラ
ペラペラ
ペラペラ ペラペラ
ペラ ペラペラ ペラ
ペラペラ ペラペラ
ペラ ペラペラ
ペラ ペラペラ ペラ
え…えっと…
あ ハイ…
Bye bye
自信
オンライン英会話とオフラインの会話は別で修行すべし

オンライン英会話をはじめてから半年が過ぎ、多少の自信もついてきた頃のこと。日本人同士、または外国人も含めて、英語だけで話す集まりに、何度か参加してみました。レッスンで週数回英語を話していたので、レッスン以外の場所でどれだけ話せるのか試してみたかったのです。

参加したのは、Ｔｗｉｔｔｅｒで交流のあった人たちとのオフ会や「東京英会話倶楽部」という英会話サークルのような場所です。いずれも、５～６名ずつのグループに分かれて、決まったテーマについて話をする場面がありました。

僕はここで、ほとんど何も話せなかったのです。

ショックでした。落ち込みました。

ここでの原因の多くは、すでに述べたマインドブロックとは違っていたと思います。自分としては、英語を話す気満々でその場に向かいましたし、周りの人に英語を聞かれる恥ずかしさは、このときにはほぼありませんでした。

では何が原因だったのでしょうか？　それは、**英語スキル自体の不足**です。

具体的には、まずグループで矢継ぎ早に何人かが連続して話すと聴き取れないという、リスニングスキルの不足。ひとりの話を理解するまでの間に、ほかの人が次の意見をいって、また次の人も話に入ってきて……ついていけなくなってしまいました。

次に、自分の意見を素早くまとめて、手短に伝えるという、スピーキングスキルの不足。「えーっと……」と考えているうちに、周りはもう次の話題にいってしまうのです。僕がなかなか話さないので、参加者のひとりが気を利かせて話を振ってくれても、ひとつ前の話題について意見をいうのが精いっぱいでした。

先生と一対一で、パソコンやスマホの画面上で会話をするのには慣れてきたのに、それ以外の、グループでの英会話は満足にできなかった。この経験は、新たな発見になりました。

今までとは違うアプローチを取らないと、この課題をクリアすることは難しいと感じた僕は、自分なりに分析をして、次のような作戦を考えました。

・リスニングについていけない→TOEICの勉強を継続。複数の人物が登場する素材を聴く機会を増やす。

・スピーキングで素早く手短に意見がいえない→オンライン英会話のレッスンでは即

答を心がける。長めの表現を使うことが多かったので、レッスン外の時間に、**手短な表現を調べて練習**する。

・**慣れていない→グループで英語を話す場にできるだけ参加する**。

海外旅行によく行ったり、外国人の友達と交流したり、留学、通学型の英会話スクールで学んだ経験のある人は、その過程でこの課題をクリアできるかもしれません。でも、そうではない人にとっては「オンライン英会話とは別モノと考えて、別クチで行動する」という手法は、とても有効です。

オンラインである程度学んだら、レッスンの外の世界に飛び出して、複数の人たちと英語を話す場をうまく活用してみましょう。

この項目のまとめ

●オンライン英会話のレッスンは、グループで英語を話すのが苦手になりがち。
●解決策その①は、それぞれに不足しているスキルを分析して補う！
●解決策その②は、複数の人たちと英語を話す場に参加する！

ONLINE 29

オンライン英会話とバンドの共通点

突然ですが、僕は若い頃にロックバンドをしていました。バンドを組んだら、ライブで演奏したくなるものですが、その前にメンバーでスタジオに入って、合同で練習をします。さらにその前には、楽器や歌の個人練習をします。

ひとりひとりが楽器を全然弾けない状態でスタジオに入って演奏しても、混沌《こんとん》としてうまくいかないのは、想像していただけるのではないでしょうか。ライブともなればなおさら、個人練習とバンド練習が十分なされないままで本番を迎えるなんて、恐ろしいですよね。

じつは、この流れがオンライン英会話のレッスンを効果的に活用するスタンスと全く同じだと、学習する過程で気づいたのです。しかも、先ほどのバンドの例や、あるいは団体スポーツなどでは、**個人練習→合同練習→本番**の流れが欠かせないことはすんなり入ってくるのに、英会話となると、どこかに偏ったり、どこかが欠けたり、ということになりやすい気がします。

オンライン英会話では、

・個人練習 レッスン外での、単語や文法などのインプット学習、音読などの練習→まずは、ひとりでできるようになる！

・合同練習 オンライン英会話のレッスン→英語の対話で、先生と一緒に演奏するイメージ！

・ライブ本番 英語の実用→英語でのプレゼンや、海外旅行など。

というふうに、置き換えることができます。

つまり、英語を口から出すことがまだあまりできないうちに、オンライン英会話のレッスンばかり受けることは、ギターがまだあまり弾けないのに、ドラムやベースと曲を演奏し続けることになり、効率がよくないのです。

その一方で、バンドで合わせることやライブをすることで、初めて得られるものがあります。バンド練習では、間合い、強弱の付け方、微妙な速度の変化を合わせて、一体感を作り出すことができます。ライブでは、本番だからこそ味わえる緊張感、集中力、興奮と感動があり、その中できちんとよい演奏をする力が鍛えられます。

あなたがもし、オンライン英会話学習の伸びに引っかかりを感じるなら、前述の個人練習↓バンド練習↓ライブ本番のフローとそのバランスを見直してみてください。

僕がこのことをすぐ体感できたのは、昔バンドをしていたからこそ。そう考えたとき、学生時代に英語もほかの勉強もろくにせずにバンド活動にのめり込んでいたことも、無駄ではなかったのかなと思えたのでした。

だからもし、「もっと若いうちから英語をやっておけばよかったな」という言葉があなたの頭をよぎったとしても、全く気にすることはありません。

若い頃に経験してきたことが、後々英語を勉強しようとしたときに、役立つこともあるのです。仕事で英語を使うときにも、一番大事なのは、仕事の経験やスキルです。全てつながっているので、過去を後悔する必要はないのです。

それよりも、あなたがライブ本番で輝きながら充実感に満ちた時間を過ごす未来を想像し、毎日の時間を大切に積み重ねていきましょう。

この項目のまとめ

●個人練習→バンド練習→ライブ本番というフローは、英会話にも当てはまる！
●個人練習は自習、バンド練習はオンライン英会話レッスン、ライブ本番はレッスン外の仕事などで英語を使う場面。

ONLINE 30

発言を短く区切って、対話のキャッチボールを増やす

オンライン英会話で英語を話すのにも慣れてきた頃。僕は、レッスンでなるべく、長めの文章で英語を話すことを心がけていました。例えば、関係代名詞や接続詞を使ってふたつの文をひとつにつなげたり、形容詞の前に副詞を付けて強調したり、同じ意味でも単語より熟語を使ったり、という具合です。

ひと言の返答で終わってしまわないようにしたい、使える表現を増やしたいと思いいろいろ試していたのですが、実際これはいいトレーニングになりました。

ところが当時の僕のように、まだまだ英会話に慣れていない人がそればかりおこなうと、とにかく返答までに時間がかかります。長い文章にしようとすると、いいはじ

めた時点では自分自身でどういい切るかというゴールが見えないまま「えー」と言葉を探りながら話すことが多くなってしまうのです。
そして聴き手側も、関係代名詞や接続詞で文章がどこで区切られたりかかるのかを捉えながら聴かなければならない上に、言葉をいい直されたり、どこまで話が続くかも判断がつきづらい語り口でうろうろされて大変です。

例えば、オンライン英会話の先生が
“How are you today?” といった後、
“I'm a bit tired actually...... because I had to work overtime tonight...... because the company that I work for is going to launch a new project soon ...... and there are a lot of things that should be done by the end of this week......So I'm tired but I'm really excited about that so I'm OK.”
（じつはちょっと疲れているんです……というのは今晩残業しなければいけなくて……というのは私が働いている会社はもうすぐ新しいプロジェクトを立ち上げるんです……それで今週末までに終わらせないといけないことがたくさんあって……だから

疲れていて、でもそれはとてもわくわくするから、私は大丈夫なんですよ。）
というような文（接続詞も関係代名詞も、形容詞の前の副詞も、熟語も混ぜています）
を生徒に一方的にいわれたら、先生も
“Wow……anyway, good luck!”（わぁ、とにかく、うまくいくといいですね！）
ぐらいしか返せないのではないでしょうか。

僕自身、レッスンで先の例に近いような発言をしたとき、**先生がちょっとつらそうな表情をした**ように見えたので、「こ、これはまずいのか!?」と気になりはじめました。

「英会話は、対話、コミュニケーションなんだから、**言葉のキャッチボールが大事！**」と、当然といえば当然のことを今さらながら実感しました。

「そうはいっても、一体どうすれば!?」と少し立ち止まって考え込んだ後、うまい作戦を思いつきました。

元々いおうとしていたことを一気にいってしまわずに、**小出し**にして、かつ**表現も短め**にして、**先生に反応してもらう隙間を作ろう**と考えたのです。

この作戦は成功しました。

先ほどの例をこれに当てはめて変換してみると、

"How are you today?"（今日は、調子はどうですか？）

"I'm a bit tired actually."（じつはちょっと疲れているんです。）

"Oh, did you work hard tonight?"（おぉ、今晩はみっちり働いたんですか？）

"Yes, I had to work overtime."（はい、残業しなければいけなくて。）

"Oh, please take a good rest. Why did you work overtime?"（おぉ、よく休んでくださいね。なぜ残業したんですか？）

"Our company is going to launch a new project, so we have a lot of things to get done by the end of this week."（うちの会社が、新しいプロジェクトを立ち上げる予定なんです、だから今週末までに仕上げることがたくさんあって。）

"Wow, but it sounds exciting when it comes to a new project!"（わぁ、でも新しいプロジェクトということになると、わくわくしますね！）

"Sure! I'm really excited. So I'm OK!"（もちろん！　本当にわくわくしているん

ですよ。だから大丈夫なんです！）

こんな感じになります。


いっていることは最初の例と同じなのですが、このような形であれば、一方的ではなく対話の中で話が進んでいくので、きちんとコミュニケーションになっています。

相手にも、より伝わりやすくなります。

僕のように、学生時代にも読解中心の英語の授業を受け、大人になってからもTOEICや英語のニュース記事などである程度長めの英文を読んでいる人は、難しめの表現や長めの表現を口にしたくなる傾向があるようです。それも大事なスキルなのですが、その手前の段階として、相手の質問に素早く何かしら応答するスキルであったり、手短に答えるスキルであったり、相手と対話を進めていくスキルというものが、英会話には必要なようです。


長めの文をきちんと話す練習と、**短めの文で即答する練習**。これらに2軸でバランスよく取り組むことで、この壁もしっかり乗り越えていけます。

How are you?
じつは
ちょっと疲れて
いるんです…
というのは…
私が働いている会社は新しいプロジェクトを
もうすぐ立ち上げるんです…それで今週末
までに終わらせなければならないことが
たくさんあって…だからとても疲れていて…
でもそれはとてもわくわくするから
私は大丈夫なんです!
Wow…
ポーン
How are you?
ポーン
今日は
少しだけ
疲れてます
短めの表現を使うと
会話が楽しくなりました
ポーン
ポーン
ポーン

この項目のまとめ

- 英会話に慣れないうちは、短めの文で即答し、対話で文章を完成させていく。
- 長めの文で話す練習と、短めの文で即答する練習。2軸でバランスよく取り組もう!

ONLINE 31

ウェブカメラ、スマホ、ヘッドセット、使い分けでこんなメリットが！

オンライン英会話は、パソコンでもスマホ（タブレット）でも利用できます。さらに、パソコンであればウェブカメラの有無、ヘッドセットを付けるのか、内蔵マイクとスピーカーを使うのか、スマホでもカメラをオンにするのかオフにするのかなど、いくつかの選択肢があります。

僕は最初、これらを単に利便性やレッスンを受けるときの自分の状況で選んでいました。ところが、それぞれの方法でしっかり取り組んでみると、それぞれの方法だからこそ活かせるメリットに気づいたのです。

次に5つのパターンと、得られるメリットを挙げていきます。難易度も、①から順に高くなっていきますので、記載順に試してみてください。

①パソコン、カメラオン、ヘッドセットあり

一番レッスンに集中でき、辞書サイトなどの補完ページも開け、Ｓｋｙｐｅのチャットも使いやすいので、とくに初心者にオススメ。カメラで表情やジェスチャーを映せるのも、コミュニケーションが取りやすくていい。カメラは発音のレッスンにも役立つ。

②パソコン、カメラオフ、ヘッドセットあり

女性ですっぴんを見られたくなかったり、男性でも寝癖が気になったりする場合は、カメラをオフにすると集中できる。また、表情やジェスチャーに頼らずに音声だけでやり取りをするトレーニングになる。

③パソコン、カメラオン、ヘッドセットなし（内蔵マイク、スピーカーを使う）

ヘッドセットを外すことで、対面で話しているのに近い雰囲気になる。耳元から相手の声が聴こえ、口元にマイクがあるヘッドセットとは違い、スピーカーという耳から離れたところから英語を聴く練習、離れた相手に届くように声を出す練習になる。

④スマホ、カメラオン

家から出た状態で周りの目を気にしながらオンライン英会話をすることができるので、集中力が鍛えられる。パソコンで開いていた辞書などの補完ページや教材、Ｓｋｙｐｅのチャットに頼らずに、声による会話と顔の表情でコミュニケーションを取るトレーニングになる。背景をカメラで映しながら解説し、通訳ガイドの実践練習

もできる。

⑤スマホ、カメラオフ

英語で電話をしているような状態になるので、音声のみでコミュニケーションを取るトレーニングになる。仕事などで英語の電話や電話会議をする可能性のある人にはとくにオススメ。それ以外の人も、パソコンを使ったオンライン英会話とは全く違う体験ができる。

※スマホを使ってオンライン英会話をする場合は、周りの人の迷惑にならないよう、また安全を充分に確保した上でおこなうよう、細心の注意を払いましょう。

いかがでしょうか？

ツールの使い勝手という側面で自分の都合に合わせられるのはもちろん便利で、それも大きなメリットではあるのですが、じつはそれ以上に、身につけたいスキルの特性によって使い分けることで、より効果的なレッスンにできるということなんです。

この項目のまとめ

- オンライン英会話をパソコン、スマホ、ヘッドセット有無、ウェブカメラ有無、と使い分けることで、それぞれ効果的に高められるスキルがある！
- まずは「パソコン、ヘッドセット、カメラもオン」で、補完ページも活用して、集中して取り組む。
- 慣れたら難易度の高い「スマホをカメラオフ」で、英語電話を体験しよう！

ONLINE 32

レッスンでは英語をバリバリ話したのに、外国人に話しかけられない

オンライン英会話のレッスンにはすっかり慣れて、英語を話すことへの抵抗もなくなってきた頃。「せっかく英語を勉強しているんだから、道を歩いている外国人に英語で話しかけて、しかも何か役に立てたらいいな」という気持ちがわいてきました。格好よく英語で外国人をヘルプして、周りからも羨望《せんぼう》の眼差《まなざ》しを受ける……そんなことを妄想しながら注意深く街を歩いていると、外国人とすれ違う機会は思ったより多いことに気づきました。

そんなある日、絶好のシチュエーションが訪れました。

旅先で外国人ふたりが、カメラを片手に背景と自分たちが入るように自撮りをして

いたのです。もっていたのはスマホではなくデジカメだったので、撮りづらそうに見えました。「ここで、"Shall I take a picture?"（写真を撮りましょうか？）などとサラリといってカシャリとやれば、絶対に喜んでもらえる！」

さらに「"Enjoy your stay in Japan!"（日本での滞在を楽しんでください！）とでもいえば、日本にはなかなかいい人がいて、来てよかったなとずっと思ってもらえる！」

そう心の中で叫んだものの、話しかけることはできませんでした。

なぜ英語で話しかけることができなかったのでしょうか？　よくいわれる原因は、度胸のなさや恥ずかしさですよね。でも、僕がこのとき感じたのは、話しかける度胸がなかったわけでも、英語を話すのが恥ずかしかったわけでもなかった、ということ。

僕が導き出した答えは、ふたつです。

まず、レッスンでは英語を話すモードになっているけれど、道を歩いているときは日本語モードなので、切り替えるのがひとつのハードル。解決するためには、**朝オンライン英会話を受講**したり、**音読**したりして、なるべく**その場面に出くわす手前に英**

語を声に出しておく。内容としては、来たるべき場面を想定して、そこで使えるフレーズを練習する。

もうひとつは、外国人に話しかけるのに慣れていないうちは、その**必然性や使命感のような力を借りないと難しい**ということ。

「今僕があの外国人に英語で話しかけて写真を撮ってあげなければ、きっと写真からひとりの顔がはみ出て、日本での思い出が台無しになってしまうんだ！　ゆけ、俺！」ぐらいに思い込むんです。そして**日頃からそのシーンをイメージ**して「次にそのようなシチュエーションに遭遇したら、必ず声をかける」と決め込むんです。


僕自身この方法で、無事に「外国人に英語で話しかけるデビュー」をはたしました。

ある日電車に乗っていたら、「当駅止まりなので乗り換えてください。この電車は車庫に入ります」と、日本語のアナウンスが流れました。ところが、車内に外国人がひとり、ニコニコしながら席に座ったままでいるではありませんか！

「ここで僕が勇気を出さないと、あの人は車庫に行ってしまう！　ゆけ、俺！」と、使命感の塊《かたまり》となって、大股歩きでつかつかと駆け寄ったのでした。

そのときにとっさに口から出た英語は、"This is the end of this train!"（これは、この電車の終わりです。）でした。変な英語なんですが、外国人の方はニコッと笑って電車を降りてくれたので、とても嬉しかったことを覚えています。

外国人に話しかけるために…
今日は朝から英語モード
あと必要なのは…
メトロ
いた!! 困っている外国人!!
MAP
大げさな使命感
ボクが話しかけなければあの人は東京の片隅で路頭に迷って最悪な旅になるんだぞ……!!
いけ!! いくんだ!! ボク!!
May I help you?
ビクッ
スチャ

この項目のまとめ

●オンライン英会話のレッスンに慣れただけだと、通りすがりの外国人に話しかけるのは難しい。

●レッスンや自習で来たるべき場面を想定して練習しておくことと、英語で外国人をヘルプするんだと使命感の塊になること!

Column 5 オンライン英会話に役立つオススメの教材&ツール

書籍

●英語で話すための基礎を作るトレーニングに

『どんどん話すための瞬間英作文トレーニング』(森沢洋介/ベレ出版)

『英語のスピーキングが驚くほど上達するNOBU式トレーニング[MP3 CD付]』(山田暢彦/IBCパブリッシング)

●英文メール作成に

『関谷英里子の たった3文でOK! ビジネスパーソンの英文メール術』(関谷英里子/ディスカヴァー・トゥエンティワン)

●英文法

『新TOEIC®テスト 英文法をはじめからていねいに』(安河内哲也/東進ブックス)

『一億人の英文法 ――すべての日本人に贈る「話すため」の英文法』(大西泰斗、ポールマクベイ/東進ブックス)

●音読、スピーチの練習、型の習得に

『頂上制覇 TOEIC®テスト スピーキング/ライティング 究極の技術』(ロバート・ヒルキ、上原雅子、横川綾子、トニー・クック/研究社)

●発音

『CD付 世界一わかりやすい 英語の発音の授業』(関正生/KADOKAWA)

ツール

●ウェブで使える辞書 Weblio http://ejje.weblio.jp/ | 英辞郎 http://www.alc.co.jp/

●ロールプレイングで使う資料の作成に

Googleドキュメント https://www.google.com/docs/about/

●学習メモの保存に Evernote https://evernote.com/

ウェブサイト

●英語での情報検索、先生へのシェアに

Wikipedia(英語版) https://en.wikipedia.org/ | YouTube https://www.youtube.com/

●英文ニュースサイト(中上級者の、レッスンでの音読とディスカッションに)

「BBC News」 http://www.bbc.co.uk/news

「The New York Times」 http://www.nytimes.com/

「The Japan Times」 http://www.japantimes.co.jp/

●ロールプレイングのスクリプト作成に

TOEIC® presents English Upgrader http://square.toeic.or.jp/kyouzai/englishupgrader.html

その他

●レッスン外で英語を話す機会の活用に

東京英会話倶楽部 http://www.eikaiwaclub.com/

※上記のウェブサイトとツールの多くは、アプリも提供されているので利用すると便利。

STAGE 5

How to make the best use of the online English lesson from scratch

9〜10カ月

【英語レベル】

リーディング ★★★★
リスニング ★★★★
スピーキング ★★★★
ライティング ★★★
英語コミュニケーション力 ★★★★★

How do you like the music?
Greatest I've ever heard!

ONLINE 33

音読のポイントは「目線」にあり！

93ページでも触れたとおり、英語学習において、**音読はとても効果的**です。僕自身、実践していく中でそのよさを実感してきました。音読というひとつの動作で、**英語を読む**（リーディング、文法、語彙）、**声に出す**（発音、スピーキング）、それを**耳で聴く**（リスニング）というトレーニングが同時におこなえるため「1粒で三度おいしい」効率的な学習法といえます。

ところが、いざ音読をしようとすると、これが最初はなかなか難しい……。長い英語の文章を、自然なスピードで、不自然な間を空けず、つかえずに読む。発音にも意識を向ける。そして、ほぼ同時に文章の意味も理解しなければならない。

このように、いくつものハードルがあるのです。ただ、だからこそ鍛えられるわけなので、なんとかマスターしたいものです。

僕自身、オンライン英会話のレッスンでも、それ以外の時間にも、音読の練習を繰り返していたのですが、なかなかうまくなりませんでした。

何かしらやり方を変えなければ、ずっとこのままだ。そう思い詰めた僕は、あれこれ解決策を探っていきました。すると、あることに気づきました。

それは、**目線の置き方**です。それまでは、今まさに読んでいる英単語を見ながら、音読していました。しかし、それだと読み終えて次の英単語にいくと、うっと慌ててしまうのです。次に来るのは、初めて見る単語や、発音の仕方がわからない単語かもしれません。単語はクリアできても複合名詞や関係代名詞でさらに次に続いたり、急に接続詞や前置詞が入って返り読みをしないと意味が取れなくなることもありました。

そこで、**目線を今音読しているところよりも少し先に置く**ようにしました。意識の中心はあくまでも声に出している箇所に置き、声に出しながら単語の意味を取り、目は次の次の単語ぐらいまでをただ眺めて準備をしているような感じです。

この方法に切り替えたところ、明らかに音読がしやすくなりました。一瞬、次に続く単語を目にチラリと入れるだけで、**脳がスタンバイ**するように感じます。

さらに、英語をスムーズに読むには、返り読みをせずに意味を理解するスキルが必要です。次のような方法で読むと、そのための下地を作る助けになります。英単語を**書かれた順番のまま、日本語に訳さずに頭に入れて**、その代わり、日本語の助詞・助動詞**「は、が、で、に、へ、だ」などで補完する**という読み方です。

例えば、"He said, I really appreciate your support."（彼はいいました、あなたのサポートに本当に感謝しますと。）という英文を読むとすると、「He は said、I は really に appreciate、your の support に」という具合です。これだけで、ずいぶん頭に意味が入ってくるようになり、読むスピードも落ちません。

この方法に慣れてきた頃に、日本語での助詞・助動詞での**補完を外して音読**をしてみたところ、以前よりスムーズに英文の意味が取れるようになっていました。

音読をしているときは、返り読みができません。返り読みを防ぐトレーニングになるという意味でも、音読はいい方法です。

ただただたくさん読むだけではちっとも上達しなかったボク
He said I really…
I… really
↑返り読み
そこでやりだしたのが
①目線を少し先におく
He said I really …
He said I really appeciate your support…
↑このへん見てる
②日本の助詞・助動詞で補完して読む
He は said I は really に appreciate your の support に
へンな英語…
この方法でスムーズに音読ができるようになりました!
ペラペラペラ
返り読みをしなくなった!!
おお

この項目のまとめ

- 音読は、目線を今読んでいるところより少し先に置くとうまくいく!
- 英語のまま順番どおり頭に入れながらも「は、が、で、に、へ、だ」などで補完して読むと、返り読みを防ぎながら、理解度がアップする!

ONLINE 34

音読の抑揚は、大小より「高低」!

ここでは、音読のうち、英語を声に出す段階のポイントについてお伝えします。

174ページで触れたように、目線の置き方を工夫して、英語が速く読めるようになれば、声に出すときにもスラスラいきたいものです。僕自身、英文の意味がきちんと取れて、発音が大きく崩れなければ、その範囲内でできるだけ速く読むことを意識していました。速く読むことがいいことだと、信じて疑いませんでした。

しかし、英語を音読する上でもうひとつ、とても大事なことに気づきました。

それが、抑揚です。

英語は抑揚が大事だということは、以前からたびたび耳にしていましたが、よく理解できていませんでした。確かに、日本人の話し方は平坦で、英語圏の人は僕からするとオーバーなぐらいに強弱がはっきりしています。でもそれはお国柄だしな、ぐらいにしか捉えていませんでした。

しかし、オンライン英会話の先生がお手本として読んでくれたときの音読、市販の音読教材のネイティブの音声、そして録音した自分の声を聴き比べてみると、抑揚、イントネーション、そういったものの違いは、単に強調するかしないかというものではなく、**相手に通じる通じないを左右するぐらいの違いがある**と気づいたのです。そしてその違いは、単語ひとつひとつの発音そのものよりも大きいと感じました。

具体的には、**内容語**（名詞、一般動詞、形容詞、副詞、指示代名詞、所有代名詞、疑問詞、再帰代名詞）**を強く読み**、**機能語**（人称代名詞、助動詞、前置詞、冠詞、接続詞、関係代名詞、be動詞）**を弱く読む**、また、単語は**アクセントのある音節を強く読む**、といったことです。

それまで「発音とスピード」という観点しかもっていなかったため、この気づきはとても大きなものでした。とはいえ、いきなり抑揚を付けて音読したり会話したりな

弱く読む
my
（人称代名詞）
can
（助動詞）
of
（前置詞）
the
（冠詞）
because
（接続詞）
which
（関係代名詞）
照れずにがんばろう!!
強く読む
song
（名詞）
listen
（一般動詞）
favorite
（形容詞）
really
（副詞）
this
（指示代名詞）
yours
（所有代名詞）
what
（疑問詞）
myself
（再帰代名詞）
This is my favorite song

んて……なかなかできませんでした。

まずは、市販教材の音声を聴き込んで、**記載された強弱の記号を目で追いながら練習**を重ねました。その結果、初めて目にする英文でも、ある程度強弱を付ける目安はつかめるようになってきました。

もうひとつ。抑揚や強弱といえば、声の大きさだけでコントロールするものと思う方もいるかもしれません。僕もそうでした。

ところが、日常的な場面では声の大小は振り幅が限られますから、案外難しいんです。オンライン英会話を深夜に受講していたり、人前で英語の電話をしているときなどは、大きな声もなかなか出しにくいものです。ちょっと声を大きくしたぐらいでは、強弱は伝わりにくいですし。

そこで僕が便利だと気づいたのは、**声の高低**です。**強くいうところは声のトーンを上げて**、**弱くいうところは下げる**わけです。これであれば、大きな声でなくても抑揚は付けられますし、声の大小と組み合わせることで、抑揚をきちんと相手に伝えることができます。

この項目のまとめ

- 英文を声に出して読むのに大切なのは、スピードよりも抑揚!
- 内容語を強く、機能語を弱く、アクセントも意識。
- 抑揚、強弱を付けるには、声のトーンの高低を使う。

ONLINE 35

オンラインレッスンで、ライティングも上達する！

英語の４技能といえば、**読む**（リーディング）、**聴く**（リスニング）、**書く**（ライティング）、**話す**（スピーキング）で、英語を身につけるには、それらにバランスよく取り組むのが理想的といわれています。

ですが僕の現実は、リスニングとリーディングはＴＯＥＩＣ対策教材やスマホで、スピーキングはオンライン英会話で学習していたものの、ライティングについては、気が向いたときにＴｗｉｔｔｅｒに簡単な英文を投稿したりする程度。時間をかけて学習したことはありませんでした。ライティングまで手が回らなかった、というのが正直なところです。

そうはいっても、今や日本語でも、仕事中にメールやチャット、そのほかのツールを使ってパソコンに入力する量の方が、口で話すよりも多いような時代です。内心、仕事で英語を使うとなると、**英語で書くスキルは必要になる**と思っていました。

そこで、自分が仕事で一番使いそうだった「外国人から英語のメールでお問い合わせをいただいたときのテンプレート」を作ろうと思い立ちました。まずは、TOEIC®English Upgrader（http://square.toeic.or.jp/kyouzai/englishupgrader/）や、ビジネス英語の書籍、ＴＯＥＩＣ対策教材などから、ベースとなる表現を拝借しました。

さて、この後が問題です。教材にどれだけすぐれた英語表現が載っていても、それらをそのまま全部使えるというわけではなく、ある程度カスタマイズする必要があります。とりあえず辞書で調べて、苦しみながら作ってみたものの、はたしてそれが正しいものなのか、自然なものなのかが、自分ではよくわからないのです。

そこで、オンライン英会話のレッスンを活用してみることにしました。それまでは、オンライン英会話といえば「英語を話すためのもの」としか捉えていませんでしたが、Ｓｋｙｐｅにはチャットボックスもあるし、添付ファイルも送れるのだから、**先生に**

英文を添削してもらい、**書き方を教わる**ことができるのではないかと考えたわけです。

結果、これが大正解でした。オンライン英会話スクールには、英語を使ったビジネスの経験がある先生も多くいるので、この表現が自然なのか、よく使われる表現は何なのかなど詳しく添削してもらうことができました。僕が先生に「このテンプレートを仕事の本番でそのまま使おうと思っています」と伝えたところ、先生も俄然《がぜん》本気になってくれて「じゃあ次のレッスンまでに、さらによい表現がないか調べておきますね！」といってもらえたりもしました。

僕がよく指摘されたのは、謝りすぎ、丁寧すぎ、といったことでした。前述の、教材から拝借した部分以外の自分で書いたところは、日本語の定型文をそのまま英語にしたような形になっていて、不自然だったのです。自分では気づけないところを教わることができ、とても助かりました。なお、先生と一緒に完成させた英文メールのテンプレートは、後日、実際の仕事でも使うことになりました。

メール以外にも、プレゼン資料や報告書など、**仕事で使うような文書を先生に添削してもらうレッスンは、大変実用的**です。ぜひ、試してみてください。

この項目のまとめ

- オンライン英会話では、英文添削もしてもらえる。
- 現実的に使いそうな文書を教材を基にして作り、添削してもらってより自然な表現を教わろう。

ONLINE 36

オンライン英会話の先生は、グローバルビジネスの大先輩

英会話といえば、教材やレッスンの仕方が決まっていて、先生にいわれたとおりに進めていく、というイメージではないでしょうか？　僕もそうでした。そしてそれは、オンライン英会話でも同じだと思っていました。最初は何をどうすればいいものかわからず、とにかくすすめられた教材を読んで、アドバイスをもらって、という受け方をしていました。

ですが、ある日「この教材の山をコンプリートするのに、一体何カ月かかるのだろう？」という疑問がわきました。考えてみれば、社会人の英語学習の目的、目標、レベル、さらには学習に割ける時間数も、人によって全然違うはず。教材やレッスン方

法がレベルや目的によって分けられていたとしても、せいぜい数種類です。それなのに、それぞれの教材数はとても多い。時間をかけた割には自分の望む効果は出ないかもしれない。

生意気にも、そのようなことが頭をよぎりました。そこで、オンライン英会話のレッスンの、**フリートークに注目**しました。テーマがフリーということは、趣味の話や近況報告といった軽い話だけではなく、**仕事などある程度深い話をしても大丈夫**なのでは？と。

講師検索では、**自分の職種、業界に近そうな先生をチェック**します。僕の場合はコールセンター業界経験者です。そういった人がいない場合は、**マネジメント**（management）経験のある人や、**人事・採用**（human resource／recruitment）経験のある人を選びました。業界や職種が違っても、ビジネスパーソンとして共通項のありそうな人を選ぶようにしてみたのです。そして、彼らが経験したコールセンターにはどんなお客様から電話がかかってきて、どういったところが難しくて、どう解決するのか、スタッフを採用するときに重視していることは何か、処理件数とクオリティのバランスをどう取っているかなど、どんどん聞いていきました。

オンライン英会話には、ほかにも仕事をもっていたり、過去に企業での勤務経験がある先生がたくさんいます。しかも、彼らのビジネスの相手となるお客様は、米国などの外国人です。まさに、**英語を使ってグローバルに活躍するアジアのビジネスパーソン**、僕にとってのロールモデルです。

仕事で英語を使いたいと願う人にとっては、彼らのリアルな情報を直接聞けることは、何より貴重なことです。


「**オンライン英会話では、英語を使って別の何かを学べる**のか！」

このことに気づいた僕は、とても衝撃を受け、興奮しました。例えば、数学を専攻している日本の大学生が、同じく数学を専攻している大学生のオンライン英会話の先生のレッスンを受けたら、お互いの国の数学の生の事情について、シェアし合えるでしょう。もちろん英語で伝えるわけですが、専門分野であれば、英語自体のレベルがまだ高くなくても、結構通じ合えるものです。

オンライン英会話の先生は、とても優秀です。受け身の定型のレッスンでは、おそらくその人がもつリソースの10%ぐらいしか活用できていないのでは、と感じます。120%引き出すぐらいのつもりで臨めば、プラスアルファのことが学べます。常に前のめりなぐらいでちょうどいいです。ガンガンいきましょう！

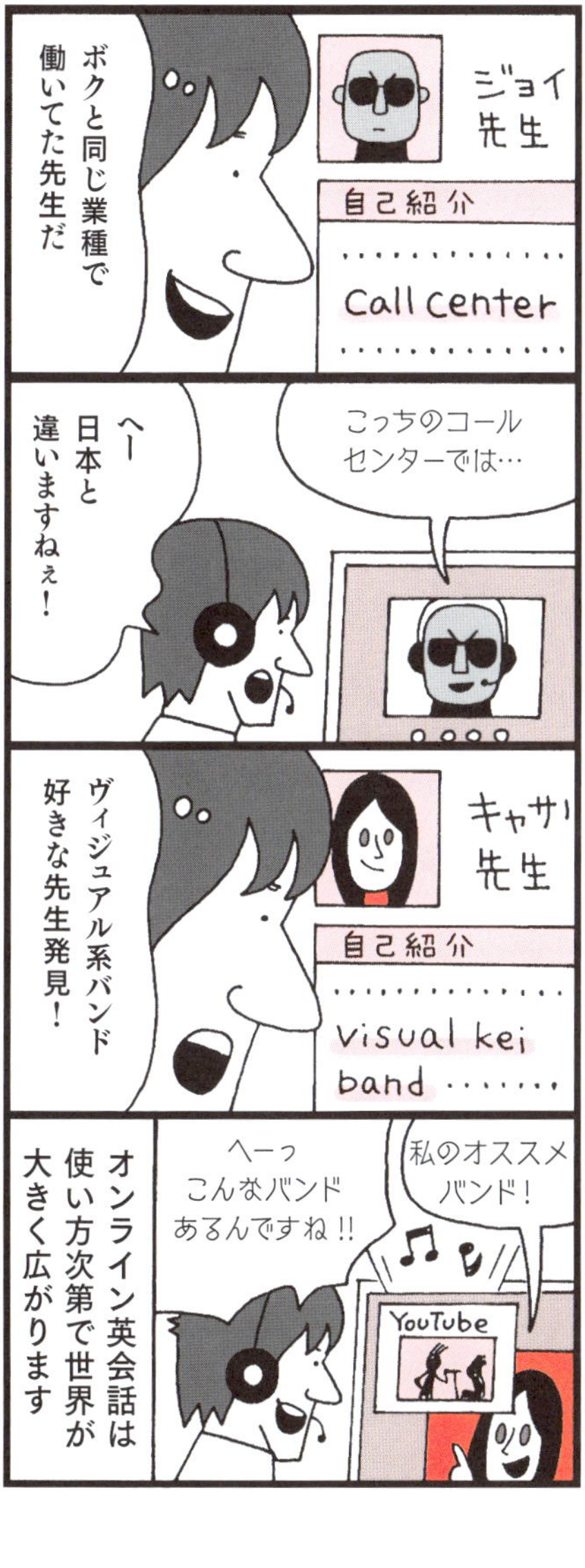

ジョイ先生
自己紹介
Call center
ボクと同じ業種で働いてた先生だ
こっちのコールセンターでは…
へー日本と違いますねぇ！
キャサ
先生
自己紹介
visual kei band
ヴィジュアル系バンド好きな先生発見！
私のオススメバンド！
へーっこんなバンドあるんですね!!
YouTube
オンライン英会話は使い方次第で世界が大きく広がります

この項目のまとめ

- 社会人は、英語学習の目的、目標、レベル、使える時間が人によって違うので、画一的な受け身のレッスンではもったいない。
- 多種多様な先生から、英語以上の学びを得られる。

ONLINE 37

オフラインでのイベントが、モチベーションと学習法解決の起爆剤に！

オンライン英会話は、インターネット上でおこなわれます。だからこそ、場所や時間の不便さを解消して、費用も安く抑えられるメリットがあります。

ですが、オンラインでのつながりは便利な半面、実際に会って面と向かって話すことのインパクト、伝え合える熱量や情報量にはかなわないという側面もあります。学習法について相談したり、教えてもらうことも、直接目の前でおこなえば、早く確実にできることも事実です。

その意味で、オンライン英会話学習の過程の要所要所に、**オフラインでのイベントをアクセント的に入れていく**と大きな刺激になります。学習をより効果的に高い意欲で続けていく助けにもなるのです。

僕自身、学習法の悩みをもっていて、それを誰かに相談しようにも自分の周り、例えば会社の同僚や家族や友人などで、オンライン英会話をしている人は当時ひとりもいませんでした。そのため「はたしてこの学習法でいいのだろうか？　誰かと共有したいけど誰もいないし、そもそもオンライン英会話の生徒って本当にこの世に存在するのか!?」とさえ思っていました。

そこで僕は、いくつかの**イベントやセミナー、オフ会に参加**してみることにしました。結果、このことがオンライン英会話の学習を一気に加速させてくれたのです。


僕が参加したオフラインイベントは、おもに3種類あります。

まず、オンライン英会話を提供するレアジョブが主催している、**ユーザーイベント**。

その場所で僕は、生まれて初めて数十名のオンライン英会話の生徒が一堂に会する光景を目の当《ま》たりにし「こんなにオンライン英会話をやっている人がいるんだ！」と知りました（実際には、数十万人がオンライン英会話を経験しています……）。自分以外の人がオンライン英会話をしている姿を見ることとなんてなかったので、このときは本当に驚きました。

学習法やちょっとした悩みなどをシェアし合ったときに感じたのは「みんな、同じことで悩んでいる」ということ。そこで僕自身も、みんなで集まって一斉にオンライン英会話をするイベントを企画したりしました。今こうして本を書いているのも、本というインターネットから離れた位置から、みんな同じですよ、大丈夫ですよ、ということをお伝えするためです。イベントで、レアジョブのスタッフの方々にお会いして「こんないい人たちが提供しているサービスなら安心だな」と思えたことも、よかったです。

次に、フィリピンの語学学校の「サウスピーク」の学習カリキュラム総責任者、柴《しば》田《た》浩幸《ひろゆき》@HAL_Jさんが主催する、Twitterの**英語学習者のオフ会**。尊敬する英語学習の先輩たちに、今まで実践してきた学習法を教わったり、自分が伸び悩んでいるところを相談できて、とても救われました。

もうひとつが、**セミナー**です。セミナーといっても、英語学習関連のものは、比較的安価なものや、無料のものも多いです。とくによかったのは、英語教材プロデューサーの有子山《うじやま》博美《ひろみ》さんや大学・企業研修講師の濵﨑潤之輔《はまさきじゅんのすけ》さんのもの。有子山さんは洋画DVDなどを使った学習法、濵﨑さんはTOEICの指導をされていますが、おふたりともオンライン英会話もされていること、そして圧倒的な努力をされつつも、ご本人は心から楽しみながら前進されている姿に、とても感銘を受けました。

やはり、オフラインで得られる感動は、格別です。オンライン英会話は、すばらしい英語学習法ですが、**オフラインという機会も意識的に取り入れる**ことで、より効果的に活用できます。

ｆａｃｅｂｏｏｋやＬＩＮＥでのコミュニケーションが盛んになった今だからこそ、実際に会うことの価値も再認識されています。とはいえ、インターネットでの交流も便利ですから、どちらも大事。オンライン英会話学習でも、同じことがいえるのです。

この項目のまとめ

●オンラインとオフラインを組み合わせることで、オンライン英会話が何倍にも効果的に使える！

オンライン英会話
誰かに相談したいけど周りにオンライン英会話をやってる人がひとりもいない…
?
何ソレ?
もしやこの世でオンライン英会話をやってるのはボクだけなんじゃ…!!
はっ
オンライン英会話
ユーザーイベント開催
ユーザーイベント
ボクは1年
私は半年です
オンライン英会話の生徒がいっぱいいる～!!
カンド
その悩みわかるヨ!
ワカルワカル!
みんな同じなんだ!!
オフラインで得られる感動は格別!
カンド

STAGE5 9～10カ月

ONLINE 38

オンライン英会話で身につけたスキルをリアルにつなげる

オンライン英会話で学んで、なんとか英語を使えるようになってきたかなと思えてきた頃のこと。心底「オンライン英会話をやってきてよかった」と感じられる出来事がありました。

僕にできた数少ない外国の友人が、ある日、日本を訪れることになりました。ところがその当日、緊急事態が発生しました。彼女の乗った飛行機が遅れてしまったために、予約していたバスに乗り遅れるかもしれないという英語のメッセージが、チャットで届いたのです。英文チャットは、オンライン英会話のレッスンでも取り組んでいたので、彼女の状況を把握し、すぐに返信することができました。

ウェブで情報を調べ、バスのチケットは振替がきかないと思われること、翌朝には次のバスがあること、近くにいくつか泊まれる場所があることなどを伝えました。それらの情報が書かれた英語版サイトのURLも送りました。これも、オンライン英会話で似たようなことをやっていたのでスムーズにできました。

その後、彼女から電話がかかってきました。"Hello, Katsuya-san……" 今まで聞いた中で、一番暗い声でした。せっかく楽しみにしていた日本旅行なのに、これはかわいそうだ。見知らぬ土地で夜遅くになす術《すべ》なく、きっと不安だ。なんとか励まさなければ。そんなことを思いながら、スマホのカメラに向かって英語を話す僕の姿は、まるで**オンライン英会話のレッスン中のよう**でした。

英会話のレッスンを何度も重ねてきた結果、いつの間にかレッスン外のリアルの場で外国人をヘルプできている。そんな、不思議な感覚がありました。

さらに、彼女が乗るバス会社の日本人スタッフと電話を代わり、僕が日本語で詳細を確認して、友人に英語で説明するという通訳のようなこともしながら、最終的には翌朝のチケットも取れ、朝まで過ごせる場所も見つかりました。

この出来事自体は些細《ささい》なことですが、36歳から本腰を入れて勉強した英語というものを使って外国の友人の役に立てたという実感は、僕にとって大きな励みになりました。不思議なことに、相手を助けたい、というふうに**目的がはっきりしている**と、英語で情報収集をしたり、英文を書いたり、**英語で話したりといったことも、全く苦にならず**、難しいとも感じず、どんどん無心で進めていけました。この経験は練習ではなく本番ですから、一連の過程で英語のスキルもより一層伸びたように感じます。

２０２０年には東京オリンピックも開催されますし、今では日本国内にも外国人がたくさんいます。もしあなたが、英語のスキルにまだ自信がもてなくても、**英語で誰かの役に立つ機会を、積極的に経験**するように動いてみましょう。最初はスキルアップやキャリアアップの一環として自分自身のためにはじめたかもしれない英語が、いつのまにか役に立てる人、笑顔にできる人の数を何倍にも増やせるということに気づけると思います。

こんなに嬉しいことは、なかなかないものです。

来日した友人から電話がきた
カツヤさん…飛行機が遅れてバスに乗れなくて…
待っててキャサリン！ボクが何とかするから!!
近くに泊まれる場所を探して…
キャサリンに英語でメール送信！
テキ
パキ
バス会社の人と話して…
キャサリン！明日のチケット手配したよ！
まあ何かスゴイ勉強してるワ…
カツヤさんありがとう！
ボクのほうこそ英語がすごい上達した気がするヨ！

この項目のまとめ

- オンライン英会話で身につけたスキルを使って誰かの役に立つ、喜んでもらえるという経験を、積極的にしよう！
- その経験で、英語スキルも伸びる！

Column 6 おもなオンライン英会話スクール一覧

① レアジョブ英会話

・URL　https://www.rarejob.com/
・料金　毎日25分　6,264円(税込)他
・無料体験回数　25分×2回

累計ユーザー数50万人以上、導入企業数1000社以上の、オンライン英会話業界をリードする存在。スピーキングテストや、カウンセラーによる学習サポート、オフラインでのイベントや短期集中プログラムなど、さまざまな取り組みも。

② Native Camp.

・URL　https://nativecamp.net/
・料金　1回25分回数無制限　4,950円(税込)
・無料体験回数　7日間　回数無制限

1日のレッスン受講回数無制限、予約不要ですぐにレッスン受講可、Skype を使わず自社開発のスマホアプリやウェブブラウザのみで受講可能。アプリの利便性は抜群で、スマホで受講したい人に最適。

③ DMM英会話

・URL　http://eikaiwa.dmm.com/
・料金　毎日25分　4,950円(税込)他
・無料体験　25分×2回

講師数5000人以上、60カ国以上。料金、講師数、講師の国の数において、他社を圧倒。ネイティブプランもスタートし、幅広いニーズに応えるオンライン英会話スクール。オフラインイベントやコミュニティ作りに力を入れている。

④ 産経オンライン英会話

・URL　http://learning.sankei.co.jp/
・料金　毎日25分　5,980円(税込)他
・無料体験　25分×2回

GCAT(Global Communication Ability Test) という英語のコミュニケーション能力を測定する能力判定テストが無料で受講可能。職業別英会話、学校教科書準拠などの学習の目的に合った教材、6段階にレベル分けされた教材も取り揃えている。

⑤ QQ English

・URL　http://www.qqeng.com/
・料金　毎日25分　6,242円(税込)他
・無料体験　25分×2回

講師全員がTESOLという英語教授法の有資格者。日本人によるサポートあり。セブ島でフィリピン留学も運営しており、ノウハウの共有にも期待できる。

⑥ ぐんぐん英会話

・URL　https://www.gge.co.jp/
・料金　1日最大35分　6,480円(税込)他
・無料体験　15分×2回

ワンレッスン15分〜70分と、都合に合わせて選べる。日本語を話せる講師が多め。日本人スタッフが常駐するフィリピンのオフィスからレッスンを提供する講師がほとんど。日本語によるサポートあり。

⑦ Best Teacher

・URL　http://www.best-teacher-inc.com/
・料金　1回25分回数無制限　9,800円(税込)他
・無料体験　Writingレッスン、Skypeレッスン、各1回ずつ。

英語4技能対策オンラインスクール。話したい英文を作成し、提出→講師が添削→講師が録音した音声を聴く→その英文を使って英会話をおこなう、という手順で4技能を鍛える。講師はアメリカのネイティブスピーカー中心で、出身国数は30カ国以上。

⑧ Bizmates

・URL　https://www.bizmates.jp/
・料金　毎日25分12,000円(税込)他
・無料体験　25分×1回

ビジネス英語に特化したオンライン英会話スクール。ビジネスシーンでの使用を想定した教材はもとより、ビジネス経験のある講師のみを採用、MBA 保有者もいる。料金は比較的割高だが、クオリティの高さが魅力。

⑨ ECCオンライン英会話

・URL　http://online.ecc.co.jp/
・料金　1回25分　月2回972円〜6,912円(税込)他
・無料体験　25分×2回

通学型スクールでおなじみ、ECC のオンライン版。豊富なノウハウを活かし、教材が充実。Skype ではなくオンライン英会話利用に最適化された専用のシステムを使う。通学型のオンラインの中では、価格も良心的。

⑩ AEON

・URL　http://www.aeonet.co.jp/online/internet/
・料金　入会金5,400円(税込)、1回20分、10回(有効期限3カ月)25,920円(税込)他
・無料体験　20分×1回

講師はネイティブ、または日本人のバイリンガル。職業別英会話など、教材充実。Skype ではなく専用のシステムを使用。料金は最も割高だが、通学型スクールでのノウハウを活かしたクオリティの高さには定評がある。

※2016 年 10 月現在。変更になる可能性があります。

STAGE 6

How to make the best use of the online English lesson from scratch

11～12カ月

【英語レベル】

リーディング	★★★★★
リスニング	★★★★★
スピーキング	★★★★★
ライティング	★★★★★
実践力	★★★★★
楽しさ	∞

I really appreciate your continued support!

ONLINE 39

ロールプレイングで、先生も僕も本気度MAX！
～①ジョブインタビュー編～

レッスンの自由度の高さが、オンライン英会話の大きな魅力であることは、すでに述べたとおりです。その利点を活かして、自分自身が現実の世界で英語を使う場面を想定して、役になりきって先生と対話の練習をする**「ロールプレイング」**は、とても実用的なレッスン方法でオススメです。

まずは、**ジョブインタビュー**（仕事の面接）についてご紹介します。僕の英語学習の目標は、仕事で英語を活《い》かすことなので、転職をするかどうかは別にして、自分の職務経歴や仕事面での強みなどを英語で話せるようにしておくことは、必要だと考えていました。

そのため、オンライン英会話のレッスンでも、ジョブインタビューの練習を繰り返しおこないました。英語面接の練習をしたい生徒は多いようで、専用の教材が用意されていることもあります。教材を使わずに自由に進めることもありますが、いずれの方法も、とてもいいトレーニングになります。

講師検索で**human resource（HR）,recruitment**または**manager,management**といったキーワードでヒットする先生は、ご本人の経験からリアルな質問をしてくれると期待できますが、必ずしもそのようなバックグラウンドがなくても、英語に慣れていない生徒にとっては鋭く感じるような質問を、面接官になりきってしてくれたりします。

例えば

“How much salary do you expect?”（給料はいくら見込んでいますか？）や、“Why should we hire you?”（なぜ私たちはあなたを雇うべきなのですか？）といった質問は、日本語に直訳するとドキッとしてしまいますよね。英語面接では、一般的になされる質問のようです。

事前にやっておくといいことは、自分の過去のキャリア、どんなことをしてどんな成果を出してきたのか、また今後どのようなビジョンをもってどう実現していきたいのか、その会社に自分がどう貢献できるのかを、具体例を交えて、数字も使って、英語で書き出しておくこと、そしてそれらを繰り返し音読しておくことです。

英語面接は、ただでさえ緊張するので突然質問されてうまく答えられる可能性は低いです。**あらゆる質問のパターンを用意しておき、先生と練習しておく**のが有効です。

もうひとつ大事なのは、覚えたことを棒読みするのではなく、120％ぐらいの熱意をもって、イキイキと楽しげに相手に伝えるということです。

僕自身も英語でのジョブインタビューを何度か受けたのですが、緊張しながらも、前記のことに気をつけて臨んだところ、なんとかうまくいきました。相手の質問はほとんどが想定どおりで、若干考え込むようなこともありましたが、それ自体はとくに問題になりませんでした。

転職するつもりのない人でも、英語で自分の仕事の具体的な経験を整理して、人に伝える練習をすることは、社会人としてとてもいい機会になります。

ぜひ、チャレンジしてみてください。

この項目のまとめ

●オンライン英会話で英語面接をするロールプレイングは、実用的!

●自分のキャリア、実績、今後のビジョンなどを、具体的に英語で書き出し、音読し、「レッスン」で練習しよう!

今日はジョブインタビューの練習がしたいです!
給料はいくらほしいですか?
えっ?え?
そんなコト聞くの!?
なぜあなたを雇うべきですか?
あーえー
……
不採用…だね
ですよねー
ジョブインタビューはしっかり準備してのぞみましょう

ONLINE 40

ロールプレイングで、先生も僕も本気度MAX!

～②電話応対編～

とても実用的で、かつ楽しい、オンライン英会話でのロールプレイング。続いては、**電話応対編**です。

僕自身がコールセンターの業界で働いていることもあり、英語で電話応対ができるように、ロールプレイングを何度もおこないました。ほかの業種であっても、外国人からかかってきた英語の電話を取ったり、社内外の外国人との電話会議に参加したりすることはあり得ると思うので、電話応対の練習は、広くオススメしたいテーマです。

僕の場合は最初「そうだ、先生と英語で電話応対のロールプレイングをしよう!!」と思い立ち、何の準備もせずにはじめてしまったので、言葉が全く出てこず、気まずい感じで終わってしまいました。そこで、慣れないうちはあらかじめ**先生と自分の台詞を用意**しておき、台本どおりに進めて、慣れてきたら少しずつ変化球を織り交ぜてより実践的なやり方に移行しようと考えました。

当初は、台詞を読むなんてなんだか恥ずかしいし、そもそも先生がノッてくれなかったらサムイし、台本の読み合わせみたいでつまらなかったらどうしようとか、うまく読めてもはたしてこれはいい練習になるのかなど、いろいろ迷いながら手探りではじめました。

ところが、いざやってみると、これが楽しい！　めちゃくちゃ楽しいのです。ネタとしているのは、自分が本当に仕事で使いそうな実用的な内容なので退屈せず、先生もノリノリになって役を演じてくれる人が多かったのです。

そのうち、先生と自分の配役をチェンジしたり、先生からフレーズや話し方についてのフィードバックをもらうなど、回数を重ねるごとに改善していきました。

ポイントは、照れずに**本番をイメージして本気で演じる**ことです。感情を込めて、声の出し方や話すスピード、抑揚にも気をつけて。あなたが本番で英語で電話応対をするときには、練習してきた状態のものが再現される可能性が高いですし、淡々と読むだけよりも印象に残りやすいので、身につきやすいというメリットもあります。

僕はその後、実際に英語で電話対をしたり、電話会議で話すことも、なんとかできるようになりました。間違いなく、このレッスンのおかげです。

ロールプレイングに効果があると信じられた根拠に、仕事上の経験があります。コールセンターでは、新人さんが電話応対デビューをする前には、必ず先輩がお客様役を演じて、ロールプレイングで練習をします。ときには意地悪な質問をされるような試練を乗り越えて、立派にデビューしていくのです。英会話にも、これが活かせると思ったわけです。

結論。照れてあまりやらない人も結構いるのですが、絶対やった方がいいです！本番の疑似体験をどんどん重ねて、いざというときに備えましょう。

この項目のまとめ

●電話応対のロールプレイングは、汎用性があるので、どの業界の人にもオススメ！

●照れずに、本番さながらに感情を込めて演じること！　本番でもその状態のものが出やすく、身にもつきやすい。

先生!!　今日は電話応対の練習がしたいです！
セリフ作ってきました!!
コールセンター経験者
スタッフの応対が悪いんですけど～
マネージャー呼んでマネージャー!!
クレーマー役
あなたはわめくのをやめるべきです
ピシャリ
うおー本物だあー
先生上手～!!
マラ
たのしそう～

ONLINE 41

ロールプレイングで、先生も僕も本気度MAX！
～③会議編～

最後は**会議編**です。会議も、どの業界、どの職種の人でも、参加する可能性が高いと思います。僕も、英語でおこなわれる会議に参加できるようにと、オンライン英会話の先生を相手に練習を重ねました。

やり方は、まず会議の資料を作ります。本番の会議でも何かしら資料が配られたりウェブシステム上で見ながら話すことが多いので、この点も本番に似せておくのです。オンライン英会話でよく使われるＳｋｙｐｅは、今の時代に企業が遠隔会議で使うものと、とてもよく似ています。Ｓｋｙｐｅそのものを使っている企業も多いです。

会議の**資料は、Googleドキュメントで作る**のがオススメです。文書、表計算シート、プレゼン用スライドなどがウェブブラウザ上で作成でき、URLをSkypeのチャットボックスで先生と共有すれば、同じ資料を見ながら進行できます。さらに、先生にも編集権限を付けておけば、同時進行で資料を添削してもらうこともできます。まさに、リアルタイムの赤ペン先生です。

ロールプレイングの基本的な進め方は、電話応対のときと同じですが、会議ならではの手法として、参加者からの**質疑応答を盛り込む**のがオススメです。この部分は、何人か違う先生にやってもらうと、さまざまな質問が生まれ、それに対する回答のバリエーションも増やすことができます。

これらのレッスンの結果、僕は仕事で、数カ国の人たちが参加する英語の会議の一部を進行し、質問にも全て答えることができました。初めてのときは、とてもたどたどしいものでしたし、なんとか終えた、というレベルでしたが、とにかくやり切ったという達成感、勉強してきたことを仕事に活かせたんだ！ という心の中での小さなガッツポーズは、今でも忘れられません。

最後に、前項を含めたロールプレイングのレッスンで注意していただきたい、大切なことを。くれぐれも、**勤務先の機密情報や、それに類するような情報は、レッスンで出さない**ようにしましょう。グラフを作る場合も、数字や取扱商品などは、意図的に実際とは異なるものにしておく方が安心です。

ロールプレイングに使えるフレーズ

【ロールプレイング提案】（会議）

In this lesson, I’ d like to do role playing because a meeting in English will be held next week.

このレッスンでは、ロールプレイングがしたいです。来週、英語での会議があるので。

May I send you a script and a mock material I made?

私が作ったスクリプトと模擬の資料を、送ってもいいですか?

【ロールプレイング手順説明】（会議）

First, I'd like you to listen to me while taking a look at the material.

1、その資料を見ながら、私が話すのを聴いていただきたいんです。

Second, give me some feedback to know other expressions and my mistakes, please.

2、他の表現や自分のミスを知るために、いくつかフィードバックをください。

Third, I'd like you to play the role of the facilitator instead of me.

3、それから先生に、私の代わりに進行役を演じていただきたいんです。

Fourth, give me some questions as if you were one of the participants, please.

4、先生が参加者の一人であるかのように、質問をいくつかください。

【ロールプレイングスクリプト例】（電話応対）

Thank you for calling. This is ＊＊.

お電話ありがとうございます。** です。

How can I help you today?

本日はいかがなさいましたか?

Thank you for your patronage.
I apologize for the inconvenience.

ご愛顧いただきありがとうございます。
ご不便をお掛けして申し訳ございません。

Do you have any other questions or concerns?

他に何かご質問や懸念点はございますか?

If there is anything further we can help you, please feel free to contact us again.

もし何かさらにお役に立てることがありましたら、お気軽にまたご連絡ください。

会議のロールプレイングは資料作成がメイン
次回の会議の資料を作ってみました！
ここはこうしたほうが…
なるほど！
数字はダミー
そして報告と質疑応答の練習
今月は〜でした
来月は〜します
何か質問はありますか？
とても役立ちます
カツヤさん、Tシャツが逆なのはワザとですか？
あっ
タグ

この項目のまとめ

- ●会議のロールプレイングも、汎用性が高い！　資料をGoogleドキュメントで作り、現代のウェブ会議さながらにおこなうのがオススメ。
- ●先生にも資料の編集権限を付けて、リアルタイムの赤ペン先生になって添削してもらおう！

ONLINE 42

ニュース記事でディスカッションは、ひと工夫で効果倍増

ニュース記事でディスカッションのレッスンをより有意義なものにするためにちょっとした工夫をしています
だってこんなニュース仕事で使れない…
NEWS
カメが動物園から脱走！
①仕事や実生活で使いそうなトピックのものを選ぶ
今日はこの記事について話したいです
NEWS
フィリピンがコールセンターの市場規模で世界一に！
②語彙の意味はあらかじめ調べておく
Weblio
capital
・首都・中心地
・大文字・資本金
なるほど…
③事前に1回は読んでおく
as the world's call center capital ...
工夫次第でより自分に合ったレッスンにできますヨ

オンライン英会話でオススメ教材のひとつ、**ニュース記事**。

音読してからディスカッションすることで、語彙、文法、読解、発音、聴き取り、発話と25分間のレッスンで各技能に対してバランスよく学習できるのが魅力です。僕自身も、どんなレッスンをするか迷ったときには、ニュース記事でのディスカッションをよく選んでいました。

一般的な手順は、次のとおりです。

①スクール側の記事教材を順番に、もしくはレッスン当日の記事を使う。
②難しい語彙の意味をチェック。
③記事を音読。
④内容を理解しているかどうかの質問を受ける。
⑤ディスカッション。

ところが僕は、この手順でやってみたところなかなかうまくいかず、ふたつの悩みが生まれました。

ひとつめは、語彙の意味についての質問が長くなったり、音読がスムーズにいかなかったりと、前半の手順に時間を費やしてしまい、メインとなるはずのディスカッションに進んだときにはすでに残り5分ぐらいで、慌てて適当に意見を述べて終わってしまっていたことです。

もうひとつは、記事教材を順番に使っていくと、「この語彙は実生活では使わないな、この話題について意見交換することは、仕事上まずないだろうな」と思うようなものが出てくることです。


そこで、これらを解決するために、いくつか工夫をすることにしました。

まず、①の**教材選び**では、順番どおりでなくても、最新のニュース記事でなくても、**自分が仕事や実生活で本当に使いそうなトピックのものを選ぶ**。または、インターネット上から使えそうな記事を探してきて、そのURLを先生にSkypeのチャットで送り、これを使って音読とディスカッションをしたいと伝える。

次に、②では、**語彙の意味を自分で調べておく**。そこで完全にクリアになればレッスンではここの手順ははぶく。
③の音読も、事前に**あらかじめ1回は読んでおく**。
これらのアクションの結果、自分にとって実用的な内容、つまりレッスン外の実生

活で、覚えた言葉がそのまま使えるようになり、レッスン中にはそこでしかできないことに時間を多く使えるようになりました。

さらに、「今日は音読に力を入れたい」というときには先生にそれを伝え、ほかの手順は省略して徹底的に音読に時間を使ったり、「ディスカッションをたくさんしたい」ということであればディスカッションにフォーカスしてもらいます。

このように、ニュース記事の音読という学習方法も、自分自身がどの分野のトピックを使い、英語のどのスキルをおもにトレーニングしたいのかによって、いろいろな形に組み立てていくことができます。ぜひ、ひと工夫を意識して、より実用的なレッスンにしていきましょう。

この項目のまとめ

- ニュース記事は、実生活で使いそうなトピックを、選んで使う。
- 語彙の確認や音読は予習でおこない、そのときに鍛えたいスキル、レッスンでしかできないことにフォーカスする。

ONLINE
43

スピーチ練習は、時間制限付きだと鍛えられる！

30秒考えた後
1分間スピーチしてください
あなたの人生で何が一番価値がありますか？
ハイ!!　30秒！
えっ
あっ
か…かち!?
えーあー
あ…
I think...
何か…
何か
しゃべらないと…!!
I have 3 reasons.
ピーーッ
カツヤさん
まず結論をいいましょうか

オンライン英会話のレッスンの中で、僕が一番鍛えられたと思うもの。
それは、**時間制限付きのスピーチ練習**です。
先生にあるテーマを与えられて、30秒~1分程度の準備時間を経て、1~3分間ひとりでひたすら意見を述べる、といった内容です。これはとても大変でしたが、それだけにとても力がつきました。

TOEIC S&WテストやTOEFLでも、制限時間などの違いはありますが、近い問題があります。

オンライン英会話のスクールに**対策教材があれば、それらを使う**のがよいと思います。スクール側に**教材がなければ、先生に流れを説明して、テーマを挙げてもらい**、こちらの考える時間と意見を述べる時間を測ってもらいましょう。

こちらのスピーチが終わったら、**フィードバックをもらい**、もっとこうすればよくなるという点を聞き出すのが大事です。**先生にお手本を見せてもらう**のも、大変勉強になります。

最初はなかなかうまくいかないと思いますが、それが普通です。僕も、時間内に意見を考えることができなくて、その後スピーチも長くなってしまったり、詰まってしまったり、前半と後半でいっていることが違ってきたり、英語の文法や発音がボロボロだったりと、散々でした……。

でも、対処方法がありますので、全く心配ありません。多くの場合は、そもそも日本語でも1～3分意見を話す機会自体があまりなかったり、そのトピックについて考えたことがなかったり……というのが原因なので、その練習を集中しておこなえば、大丈夫です。

オススメの教材は、『頂上制覇 TOEIC®テスト スピーキング／ライティング究極の技術』(ロバート・ヒルキ／上原雅子／横川綾子／トニー・クック 著／研究社)。英語で意見をいうときの基本パターン、**結論→理由→理由詳細（具体例）→結論**を、さまざまなトピックで練習できます。

初めのうちは、お手本の回答を丸覚えして型を身につけましょう。慣れてきたら、自分なりに少しずつ変えていけばOKです。

レッスン中、英語で意見を述べるときのポイントのひとつは、必ずしも自分の**完璧な意見、熱意もあって情報も豊富で美しい意見でなくてもよい**ということです。そうであるのに越したことはないのですが、テーマを向こうからいわれるので、ときには全く興味のない話、知識のない話をすることも出てきます。

大切なのは、**ロジカルかどうか？　内容が首尾一貫しているか？　発音や文法や語彙が合格ラインか？**　というところで、相手が「なるほどね」と思えるかどうかなのです。

その点でも有効な方法が、前述の教材などを使って、基本的な型、**テンプレートにはめて練習していく**ことです。レッスン外の時間にも個人練習を重ね、レッスンでは先生に聴いてもらいながら緊張感をもっておこないましょう。

手短に、ロジカルに、矛盾なく意見を英語で述べることは、いうまでもなくビジネスの場面でも欠かせないスキルです。オンライン英会話と個人練習を通じて、その実用的なスキルを、しっかりと身につけることができるのです。

この項目のまとめ

- 時間制限付きのスピーチは、英語スキルが鍛えられる！
- テンプレートとお手本を使って練習すると、スピーキングのあらゆる面が改善する。先生からフィードバックをもらうことも、忘れずに！

ONLINE 44

仕事に必要な英語は、オンライン英会話とTOEICで身につく

36歳から英語の勉強をはじめたボクの学習方法はこのふたつ
オンライン英会話
TOEIC
あっコレ！オンライン英会話でやってきたことだ！
メール読んで意見ください
MAIL
ズラ～
あっコレはTOEICと同じだ！
ボクも同じように飛べてる!!
オンライン英会話
TOEIC

僕が選んだおもな学習方法は、オンライン英会話とＴＯＥＩＣです。**オンライン英会話でアウトプット、ＴＯＥＩＣでインプット**のベースを作ってきました。

今では仕事でもなんとか、帰国子女や、長期の海外生活経験者に混じって、英語を使わせてもらっています。36歳までは、一生できるようにはならないし、なる必要もないと思っていたことです。

まだまだ苦労も多いのですが、**オンライン英会話とＴＯＥＩＣをきちんと活用すれば、仕事で使える英語スキルが身につく**ということは、はっきりわかりました。

ある日、ヘッドセットを付けてパソコンに向かって英語の会議に参加していたときに、**「これはオンライン英会話でやってきたことだ！」**と思ったんです。会議資料を画面に映しながら英語を話したり聴いたりすること、チャットボックスで英文のメッセージを送ったりすることにも、いつの間にか抵抗がなくなっていました。

また、オンライン英会話では常に先生方に対しての感謝、尊敬の気持ちをアウトプットするように心掛けていたため、同僚から僕の英語の中にある相手への気遣いについて、褒められたことがあります。

レッスンを自発的に前のめりに受けることを定常化したおかげで、仕事上英語を使うときにも、自分の英語レベルにはまだまだ自信がなくても、仕事上の目的をはたすまではやりとりを続けられるようになりました。

また別の日には、英語の長文メールを読んでいたとき、そして電話会議で英語を聴いていたときに**「これはTOEICと同じだ！」**と心の中でつぶやきました。

長い文章をじっくり時間をかけて読むのではなく、スピード重視でポイントをつかんで読む、それに対して必要なレスポンスを判断する。リスニングでは、資料を先読みしながらキーワードを待ち構えてポイントを拾っていくという手法。

そして、厳しい制限時間の中でのタイムマネジメント力と集中力。元々はスコアアップのために覚えたテクニックが、じつは仕事で英語を使うときにそのまま役立つということを、実体験したのです。

周りを見渡せば、仕事で英語を使う人たちは、前述のように帰国子女や、長期の海外生活経験者の方がまだまだ多いです。

でも、状況は徐々に変わってきています。海外滞在経験がなくても、オンライン英会話やTOEICに真剣に取り組むことで英語を身につけ、仕事でも英語を使って活躍している人たちが、どんどん増えてきているのです。

環境や年齢にかかわらず、英語をやりたいと思った人が、英語を使えるようになっていくなんて、最高ですよね。

今この本を読んでくださっているあなたにも、きっとできます。僕もまだまだ四苦八苦している最中ですが、だからこそ楽しいと思っています。一緒にがんばっていきましょう。

この項目のまとめ

- オンライン英会話で身につけたアウトプットのスキル、姿勢、手法は、仕事の場面でもそのまま活きる！
- TOEICで身につけたインプットのスキル、姿勢、手法は、仕事の場面でもそのまま活きる！

オンライン英会話の卒業はいつ？

オンライン英会話をはじめて1年ほどすると、英語をある程度話せるようになり、ひととおりのコミュニケーションは取れるようになります。

そんな頃、ふと疑問が浮かんできました。

「オンライン英会話って、いつまで続ければいいのかな？」と。

考えてみれば、小・中・高校や大学には、卒業があります。自動車教習所や、何かしらのビジネス資格を取るためのスクールも、さらには語学留学のスクールでも、一旦の区切り、卒業があります。

でも、オンライン英会話には、それがないのです。多くのスクールでは、何カ月、何年といった期間でのプログラムが組まれているわけではなく、1レッスン1レッスンがその場で終わります。
さらには、オンライン英会話をどんな方法でどれだけ続けたら、どれぐらいのレベルに到達できるのかという道しるべも、まだあまり多くありません。そのため、「これはちょっと、先が見えずにはてしないな……」と、暗闇の中をさまよいかけたわけです。

当時よく耳にしていたのは「英語学習に卒業はない、一生続きます」という言葉です。それはそのとおりだと思いますし、すばらしい考えなのですが、そう意気込んでしまうとますます、途方に暮れてしまいそうになりました。きっと多くの人は、卒業という区切りがあるからがんばれるし、成長を実感できるのではないでしょうか。

そこで思いついたのが、**「卒業を自分で設定してしまおう」**ということです。つまり、自分のどの状態をもってしてオンライン英会話の卒業とするのか？（例えば、レッスンでのロールプレイングの完成度などです。オンライン英会話の先生に相談し、卒業判定をしてもらうのもいいですね）そこに至るまでの目標をいくつか決めて、それらをクリアするためにひとつひとつのレッスンをどう組み立てていくのか？　そのためには期間はどれぐらい必要なのか？　無事に卒業できたら、その後も継続して次の卒業を設定するのか？　ほかの方法で自己実現するためにオンライン英会話を一旦休止するのか？　それらを、自分で決めていくのです。

すると、気持ちも楽になり、目指すべき方向と、そのために必要なことが見えてくるので、レッスンの充実度もアップしました。その繰り返しで、気づけば何年も経っていました。その結果、やはり勉強は一生続くと、無理なく感じることができると思うのです。ときには、仕事や生活が忙しくてオンライン英会話を休んだり、勉強に身が入らないこともあると思います。でも、心配しないでください。英語学習を休んでも、そのままゼロには戻らず、再開したときに集中して取り組めば、**スキルはまた戻ってくる**ものです。

また、仕事や生活で実際に英語を使いながら英語学習ができるようになれば、勉強のための大変な勉強という感じではなくなってきます。**英語を実用する**ことで、より一層失敗も増えますが、だからこそ新しい学びを得て、成長できます。

失敗した場面をオンライン英会話で再現したり、失敗から気づけた自分の苦手箇所の強化に集中的に取り組み、先生にアドバイスをもらいながら練習すれば、次の機会にはうまくいくはずです。

そんなふうにして、これからも続く長くてアップダウンのあるオンライン英会話学習や英語を実用する道のりを、存分に楽しんでいきましょう。

レッスンをはじめて1年
英語での会議も電話応対もバッチリね
カツヤさん もう卒業だね！
1年前のボクの目標…
目標 仕事で英語が使えるようになる！
先生!! 今までありがとうございました!!
ぐすっ
ぐすっ
卒業
オンライン英会話の道はまだまだ続くのです
次回から楽しむコースと英語力キープコースに入学します！

この項目のまとめ

●オンライン英会話学習に、自分なりの卒業を設定すると、挫折しにくくなり、レッスンも充実する！

●これまで学んだ英語をどんどん活用して、その後も続く道のりを楽しもう！

エピローグ

オンライン英会話をはじめて半年
これはどうやら続けられそうだ
職場
しかしこの中でボクが英語をやっていることを知っている人は誰もいない…
英語で仕事をするためには自分でアピールしないとダメだぞ…
英語部隊はちゃんといる
ペラペラ
アピール作戦決行を決意
じつは英語を勉強してるんです
へー
TOEICスコア700点こえたんですよ
ほー
そば
そうだ

今度役員クラスの人たちとの飲み会があるけど来るか？
そば
行きます！
お…おう
こ…これは…もしかしたらチャンスがあるかもしれない…!!
ドキドキ
飲み会
いやー今日英語で電話がかかってきて…
ぜんぜんわかんなかったんですよー
今だ
ボボボボク!!英語勉強してます!!英語使う仕事があったらやらせてください!!
バッ
あ…そうなの？
…エライネ
しーーーん

次の日
昨日のみなさんにメールもしとこう
TOEICスコア700点
ヤル気超あります…
しかし
そう簡単には英語で仕事をさせてもらえるわけもなく…
まあ…そりゃそーだよね
実績もないし…
ズーン
それから1年たったある日
えっ
ボクが英語の案件を!?
あの飲み会のときの上司がお前を推薦してくれたんだよ
そーいや嬉野ってのがいたな
任せてみたら?
新案件

お前みたいにがんばってるヤツの希望を叶えることはほかの社員にもいい影響があるからな希望部署に異動させてやりたいと思ってる
うわぁあん
ありがとうございますー
ちょ…っうれしのっ
かくして新案件用のチームが組まれました
ペラペラ
ペラペラ
ペラペラ
これはヤバイ…
リーダー
みんな帰国子女か海外経験者
ボクの英語力向上のためにチーム内の会議やチャットも全部英語にしてもらうことに
提案したものの…
音をあげたい
すごいスピードで英語のレスがくる
チャット
オネガイ!
ぜんぜんいいですよ!
ヨユー
い…いやダメだ!!
みんな協力してくれてるんだ!!

そうして
ついにむかえた
英語会議
今月の成果を
報告してください
フー
今日は
〜〜〜でした
来月は
〜〜です
ドキドキドキ
ボク…
ちゃんと
できてま
したか？
スバラシ
かった
ですよ!!
ありがとう
ありがとう
英語で
会議デビューが
無事おわりました
あ、でも
あそこの
言いまわしは
こうした
方が…
まじ!?
メモ
メモ

あれから数年
今では部署も異動し英語で仕事をしています
英文メールや翻訳や会議など…
MAIL
TO
3日坊主で怠けもので自信のなかったボクが…
ヒヒ
ボソボソ
36歳から英語をはじめて今は英語で仕事をしている…
ペラペラペラ
信じられない気分です
数年前のあの正月
今さらと諦めずにはじめてみて本当によかったと思っています
そしてボクをはげましてくれた人たち仕事につなげてくれた人たちにただただ感謝です
ビバ飲み会に行ったボク…
これからもこの気持ちを忘れずにオンライン英会話と英語の仕事を楽しんでいきたいと思います！

おわりに

僕がオンライン英会話をはじめて、六年。仕事で英語ができるようになって、四年。英語を使うことは、間違いなく僕の日常になりました。そしてちょっと、自分に自信がもてるようになりました。

オンライン英会話という方法に出会わなければ、僕は一生英語とは縁のない生活を送っていたと思います。

自宅にいながら、講師と楽しくコミュニケーションが取れること。目的に応じて実用的なレッスンが作れること。ほかのオンラインやオフラインの手段と組み合わせて世界を広げていけること。それらが、英語を「勉強」から「体験」に変えてくれました。

オンライン英会話は、まだまだ進化を続けています。

より学びやすくなるよう、各スクールの講師やスタッフ、さらに生徒たちが、さまざまな工夫を重ねています。僕自身も、できる限りの活動をしていきます。

オンライン英会話を楽しみながら有効活用していけば、年齢や環境を問わず、英語を身につけられます。仕事や生活など自分の目的のために実用することが可能です。

本書で描かれたダメダメで悩みまくっている僕は、決して大袈裟ではない、素の姿です。こんな僕にもなんとかできたのですから、あなたなら、きっとできます。

最後に、本書の企画実現に向けて長きに渡り尽力してくださった株式会社KADOKAWAの細田朋幸さん。同社の超敏腕編集者、関由香さん。学習のポイントや喜怒哀楽を、素敵すぎるマンガで表現してくださった、高田真弓さん、これ以上ないすばらしいデザインでまとめてくださった井上新八さん。いつも支えてくれる家族、友人、関係者の方々。そして何より、本書を手に取り読んでくださった、あなた。

本当にありがとうございます!

オンライン英会話をはじめた当初、英語が話せなくてきちんとお礼を伝えられなかったエリカ先生にも、この場を借りて。

Hi Erika, I can't thank you enough! This book is exactly our creation. Thanks!

２０１６年９月　嬉野克也

[著者紹介]
嬉野　克也（うれしの　かつや）
1973年生・大阪府出身。関西大学文学部英文学科卒業。36歳から学生時代以来の英語学習を再スタートした、元々は英語をやる必要がなかった会社員。オンライン英会話の徹底活用とTOEICテスト900点突破を経て、外資系企業担当として日常的に英語を使うようになる。インターネットやセミナー、雑誌などで、効果的な学習法とモチベーション管理法の情報を発信。著書に『オンライン英会話の教科書』（国際語学社）、『忙しい人のTOEIC®テストとビジネス英語の同時学習法』（クロスメディア・ランゲージ）。
ブログ：『アラフォーからオンライン英会話とTOEICをはじめたら英語で仕事ができるようになった会社員のブログ』
http://ameblo.jp/self-agenda/
Twitter：@self_agenda

36歳からオンライン英会話をはじめたら
英語で仕事ができるようになりました　（検印省略）

2016年10月15日　第1刷発行

著　者　嬉野　克也（うれしの　かつや）
マンガ　高田　真弓（たかだ　まゆみ）
発行者　川金　正法

発　行　株式会社KADOKAWA
〒102-8177　東京都千代田区富士見2-13-3
0570-002-301（カスタマーサポート・ナビダイヤル）
受付時間　9:00～17:00（土日　祝日　年末年始を除く）
http://www.kadokawa.co.jp/

落丁・乱丁本はご面倒でも、下記KADOKAWA読者係にお送りください。

送料は小社負担でお取り替えいたします。

古書店で購入したものについては、お取り替えできません。

電話049-259-1100（9：00～17：00／土日、祝日、年末年始を除く）

〒354-0041　埼玉県入間郡三芳町藤久保550-1

印刷・製本／図書印刷

ISBN978-4-04-601595-2　C0082